JN272330

特別支援教育ライブラリー

個別の教育支援計画の作成と実践

特別なニーズ・気になる子どもの支援のために

企画　日本リハビリテーション連携科学学会　教育支援研究会

香川邦生　編

教育出版

執筆者一覧 （執筆順）

香川 邦生	健康科学大学
松村 勘由	独立行政法人国立特殊教育総合研究所
澤田 真弓	同上
熊谷 恵子	筑波大学
大内 進	独立行政法人国立特殊教育総合研究所
秋山 篤	東京都立品川ろう学校
赤澤 弘一	東京都立葛飾ろう学校
伊藤 満美子	同上
荒木 順司	藤沢市立天神小学校
沼田 弘子	藤沢市立白浜養護学校
清水 聡	筑波大学附属桐が丘養護学校
安部 博志	筑波大学附属大塚養護学校
田中 容子	三鷹市立南浦小学校
小野 学	神奈川県公立小学校

は じ め に

　21世紀を迎えて，我が国の社会情勢は大きく変化していきます。こうした激しい変動の中で，今後とも活力に満ちた社会を維持・発展させていくための教育改革が，今，大きな関心事となっています。

　障害児教育の分野も例外ではありません。ご承知のように，平成15（2003）年3月に「今後の特別支援教育の在り方について」の報告が公にされて以来，我が国の障害児教育は，「特殊教育」体制から「特別支援教育」体制へと急ピッチで改革が行われようとしています。

　今日まで我が国の特殊教育は，盲・聾・養護学校，小・中学校に設置されている特殊学級，あるいは通級による指導を行う教室，という限定された教育の場で行われる教育を総称する概念でした。今，改革が進められようとしている特別支援教育は，こうした従来の場の教育の殻を破って，どのような教育の場にいる障害児であっても，その特別な教育的ニーズに応じた支援体制を整えようとするものです。現在，特殊教育の対象となっている義務教育段階の児童生徒は全体の約1.6％ですが，特別支援教育においては，これに加えて，小・中学校の通常の学級に在籍しているLD，ADHD，高機能自閉症などの軽度障害児童生徒約6％強が対象となりますので，全体では義務教育段階の7〜8％の児童生徒を視野に入れた支援体制を構築しなければならないことになります。小・中学校の通常の学級に在籍している軽度障害児生徒の6％強という数字は，40人学級において2〜3人の対象児がいるという計算になりますから，決して少ない数字ではありません。これらの軽度障害児童生徒を通常の学級に在籍させた状態で，一人一人の特別な教育的ニーズに対応した支援を行おうというのですから，当然のことながら，今までにない新たで強力なスキームを構築しなければなりません。

前述した報告書においては，この新たなスキームを構築するためのツールとして，「個別の教育支援計画」「特別支援教育コーディネーター」「広域特別支援連携協議会」の三つを挙げています。この三つのうち，児童生徒の支援に直接かかわる最も大切なツールは，なんといっても「個別の教育支援計画」です。「広域特別支援連携協議会」（または「特別支援連携協議会」）や「特別支援教育コーディネーター」は，「個別の教育支援計画」を円滑に実施するための組織作りの要として位置づけることができるものではないかと思います。

　本書は，特別支援教育を推進するために最も大切なツールである「個別の教育支援計画」をメインに据えて，基本的な諸問題を解説するとともに，先進的な取り組みを行っている学校や先生方の事例を紹介して，参考に供することを目的に企画したものです。なお本書は，「日本リハビリテーション連携科学学会」の下部組織である「特別なニーズを有する児童生徒の教育支援研究会」において，数年来検討してきた「障害児教育における連携の在り方（特に自立活動を中心に）」を踏まえて企画いたしました。したがって，この研究会を支えてくださっている多くの先生方のご協力があってこそ，出版にこぎつけることができたのです。ご協力をいただいた先生方に，この場をお借りして心から感謝申し上げます。

　さて，「個別の教育支援計画」に基づく実践は，これからの障害児教育に大きく貢献するに違いありません。しかし，この実践は緒に就いたばかりであり，これから解決しなければならない多くの課題を抱えています。この本がこうした問題解決のための道しるべとなり，特別支援教育の推進にいくばくかのお役に立つことを願ってやみません。

2005年6月

編者　香川邦生

[目　　次]

はじめに

I章　特別支援教育と個別の教育支援計画

1．特殊教育から特別支援教育への移行 ―――――――――――――― 1
　(1) 教育改革への潮流と障害児教育　1
　(2) 障害児教育の歴史的経緯と問題点の顕在化　2
　(3) 特別支援教育と個別の教育支援計画との関連　8
2．個別の教育支援計画の意義 ―――――――――――――――――― 9
　(1) クローズアップされた個別の教育支援計画　9
　(2) 個別の教育支援計画への期待　12
3．個別の教育支援計画におけるコーディネーターの機能と役割 ―― 15
　(1) 特別支援教育におけるコーディネーターの位置づけ　15
　(2) 特別支援教育におけるコーディネーターの機能と役割　18
　(3) 個別の教育支援計画の作成におけるコーディネーターの役割　21
　(4) 関連機関との連携とコーディネーターの役割　23
　(5) 支援地域におけるネットワークとコーディネーターの役割　24
　(6) 個別の教育支援計画の運用におけるコーディネーターの役割　24

2章　個別の教育支援計画の構造

1．ライフステージに応じた個別の支援計画とその構造 ——————— *26*
　(1) ライフステージに応じた個別の支援計画　*26*
　(2) 個別の教育支援計画と連携の課題　*27*
　(3) 各ライフステージにおける個別の支援計画の構造　*34*

2．障害児教育を支える個別の教育支援計画の構造 ——————— *35*
　(1) 個別の教育支援計画に関連した用語の整理　*35*
　(2) 個別の教育支援計画における大切な視点　*37*
　(3) 個別の教育支援計画と教育課程等との関連　*38*
　(4) 個別の教育支援計画における計画・実施・評価のサイクル　*43*
　(5) 個別の指導計画の構造　*44*
　(6) 全体的留意事項　*49*

3章　軽度の障害児に対する個別の教育支援計画

1．通常の小・中学校における特別な教育的ニーズのある子ども ——— *51*
　(1) 特別支援教育における支援対象児の拡大　*51*
　(2) 軽度発達障害児以外で支援を要する児童生徒　*56*

2．**特別支援教育コーディネーターと支援体制作り** ——————— *57*
　(1) 特別支援教育コーディネーター　*59*
　(2) 校内委員会　*61*
　(3) 地域の支援体制　*62*

3．特別な教育的ニーズに応じた個別的支援 ———————————— 64
  (1) 特別な教育的ニーズに応じた教育の機会の確保　64
  (2) 個別の教育支援計画と移行支援　65
  (3) 個別の指導計画　66
  (4) 個別的支援の形態や内容　68
4．特別な教育的ニーズに応じた個別の教育支援計画の作成と評価 ———— 68
  (1) 小・中学校に在籍する児童生徒の現状と特別な教育的ニーズ　68
  (2) 特別な教育的ニーズと個別の教育支援計画　69
  (3) 特別な教育的ニーズに応じた個別の教育支援計画の作成の観点　70
  (4) 特別な教育的ニーズに応じた個別の教育支援計画の作成のプロセス　70
  (5) 特別な教育的ニーズに応じた個別の教育支援計画の作成の実際　75

4章　個別の教育支援計画の作成・実践例

1．視覚に障害のある児童生徒の事例 ———————————————— 81
  (1) 個別の教育支援計画作成の意義　81
  (2) 個別の教育支援計画作成の組織と手順　82
  (3) 個別の教育支援計画の例　93
2．聴覚に障害のある幼児児童生徒の事例 ——————————————— 98
  (1) 個別の教育支援計画作成の意義　98
  (2) 個別の教育支援計画作成の組織と手順　98
  (3) 具体的事例　102
  (4) 今後の課題　112
3．知的に障害のある生徒の事例 ——————————————————— 113
  (1) 個別の教育支援計画作成の意義　113
  (2) 個別の教育支援計画作成の組織と手順　114

- (3) 今後の課題　*117*
- (4) 個別の教育支援計画及び個別の指導計画の一例　*118*

4．肢体不自由の生徒の事例 ——————————— *123*
- (1) はじめに　*123*
- (2) 校内における取り組み　*125*
- (3) 校外における取り組み　*135*
- (4) おわりに　*136*

5．障害児教育諸学校から小・中学校等への支援の事例 ——— *138*
- (1) 特別支援教育推進への課題　*138*
- (2) 相談・支援の概要　*138*
- (3) 支援の事例　*144*
- (4) コンサルテーションについて　*151*
- (5) センター機能を担う際の課題について　*152*

6．言語に障害のある児童生徒の事例 ——————— *154*
- (1) 個別の教育支援計画作成の意義　*154*
- (2) 事例にみる個別の教育支援計画作成の組織と手順　*155*

7．小学校の難聴言語障害通級指導教室に通級する児童の事例 —— *162*
- (1) 難聴言語障害通級指導教室対象児の変化　*162*
- (2) 通級による指導対象児の
  個別の教育支援計画（個別の指導計画を含む）　*163*
- (3) 作成手順　*165*
- (4) 連携の実際（保護者及び各機関）　*170*
- (5) 個別の指導計画の事例　*172*

8．公立小学校における個別の教育支援計画の作成・実践例 ——— *178*
- (1) 「特別な教育的ニーズ」をどう考えるか　*178*
- (2) 個別の教育支援計画の意義　*178*
- (3) 個別の教育支援計画作成の手順　*179*
- (4) 反社会的行動を示すアスペルガー症候群の児童への支援事例　*185*

1章 特別支援教育と個別の教育支援計画

1．特殊教育から特別支援教育への移行

(1) 教育改革への潮流と障害児教育

　21世紀に突入した現在，国際化や地球規模化（グローバリゼーション）の波の中で，我が国の社会情勢は大きく変動してきている。特に近年においては，情報通信技術の躍進によって様々な情報が世界中どこででもアクセス可能となり，経済活動の効率化・迅速化，あるいは知的活動の充実等が従来とは比べものにならないスピードで進展し，我々の生活にも大きな影響をもたらすに至っている。また一方においては，少子高齢化の波も急速に進展している。こうした状況の中で，今後ともに活力に満ちた我が国社会を維持・発展させていくために，明治維新や第二次世界大戦後の教育改革に次ぐ第三の教育改革が，百年の大計として行われようとしているのである。

　平成12（2004）年に，教育改革国民会議は，「人間性豊かな日本人を育成する」「一人一人の才能を伸ばし創造性に富む人間を育成する」「新しい時代に新しい学校づくりを」「教育振興基本計画と教育基本法」という四つの観点から，改革に向けての17の提言を行っている。ここでは具体的な改革の方向までを記述することはできないが，これらの提言にしたがって，急ピッチに改革が行われようとしているのである。

　一方，障害児教育を取り巻く状況にも，近年大きな変化の兆しがうかがわれ，こうした状況の変化を受けて，従来の「特殊教育」から，「特別支援教育」への移行が急ピッチで進められようとしている。

今なぜ特別支援教育への移行が必要なのであろうか。この点について考えるために，これまでの我が国における特殊教育の歴史的経緯を振り返ってみることが大切だと思われる。

我が国の近代的な障害児教育の歴史は，明治11（1878）年開校の京都の盲啞院まで遡ることができるが，この教育が質・量ともに大きく開花するのは，第二次世界大戦以後の20世紀後半である。それは，昭和23（1948）年から学年進行で実施された盲・聾学校教育の義務制に始まり，昭和54（1979）年の養護学校教育の義務制実施を経て現在に至るわけである。この間特殊教育は質・量ともに大きく発展したが，急激な発展の陰に多くの問題を抱え込んだことも見逃せない。以下においては，20世紀後半の特殊教育の歴史の流れを概観して，いくつかの問題点を浮き彫りにするとともに，特別支援教育への転換の必要性を検討してみたい。

(2) 障害児教育の歴史的経緯と問題点の顕在化

1）就学猶予・免除者と特殊教育対象者の比率の推移からみて

20世紀後半に発展した我が国の特殊教育においては，どんなに重度な障害があっても可能な限り学校教育を提供するというシステムが整備され，障害があるために義務教育を猶予・免除される者の数は，図1－1に示すように減少の一途をたどって現在に至っている。

なお，平成15（2003）年度においては，2214名が猶予・免除の対象となっているが，このうち障害が重篤なためにその対象となっている児童生徒は，わずかに130名に過ぎない状況であり，これらの者は，生命を維持するために教育以前に医療的ケアのもとに置くことを余儀なくされているとみることができよう。このように，我が国においては，訪問教育をはじめとする重度・重複障害者への教育施策の充実によって，非常に障害の重い児童生徒も学校教育の対象として受け入れられており，単に障害が重篤だということのみで就学猶予・免除の対象となっている者は，ほとんどいない状況となっているといえる。

次に，図1－2において，義務教育段階の学齢児童生徒中，特殊教育の対象

1. 特殊教育から特別支援教育への移行

図1-1　就学猶予・免除者の推移

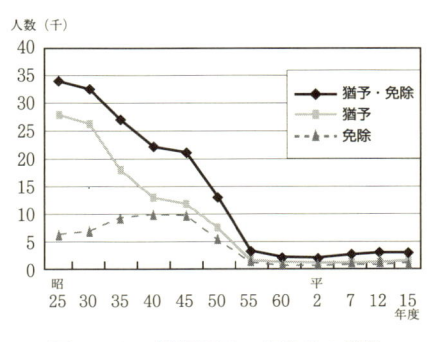

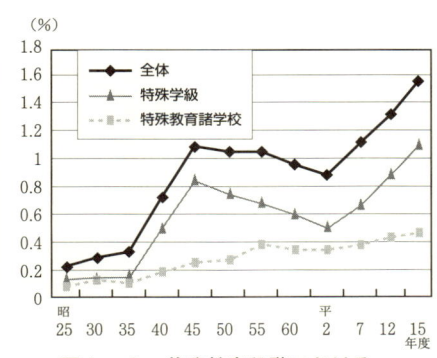

図1-2　義務教育段階における
特殊教育対象者の比率の推移

となっている児童生徒の比率の推移を示した。図において特に興味深いのは，昭和45（1970）年度ごろまで特殊教育諸学校や特殊学級の整備と相まって増加傾向を示していた比率が，それ以降平成2（1990）年度ごろまでは減少傾向に転じ，さらに平成2年ごろを境として著しい増加傾向に転じて現在に至っている点である。この近年において著しい増加傾向に転じた背景に，平成5（1993）年度から制度化された通級による指導がまず挙げられるが，それだけではなく，知的障害養護学校の小・中学部に在籍する児童生徒の増加傾向も要因の一つとなっている。全体の学齢児童生徒数が減少する中で，知的障害養護学校の小学部及び中学部に在籍する児童生徒数が増加している点は，非常に興味深い。おそらくその背景には，極小未熟児の生存率が高まってきたこと等があるのではないかと推測される。

2）特殊教育諸学校の小・中学部児童生徒の状況等の推移からみて

　盲学校及び聾学校小学部の児童数は，年々減少の一途をたどっているが，図1-3に示したように，病弱養護学校及び肢体不自由養護学校小学部の児童数も同様に低迷状況を示している。その中にあって，知的障害養護学校小学部においては，児童数が増加傾向を示しており，こうした状況は，知的障害養護学校の中学部においても同様の傾向にある。このため，知的障害養護学校の中には教室数が不足し，校庭にプレハブ校舎を建てて対応しているところすら見ら

れる。

一方,特殊教育諸学校の小・中学部における重複障害児童生徒の比率の推移をみたものが図1-4である。この図から,重複障害児童生徒の比率は年々高まってきていること,比率の平均は平成15(2003)年度において43.5%であること,学校種別によって比率が大きく異なること等を読み取ることができる。特に肢体不自由養護学校においては,75%程度の児童生徒が重複障害であり,重複障害教育を抜きに特殊教育諸学校の教育は語れないところまできている。

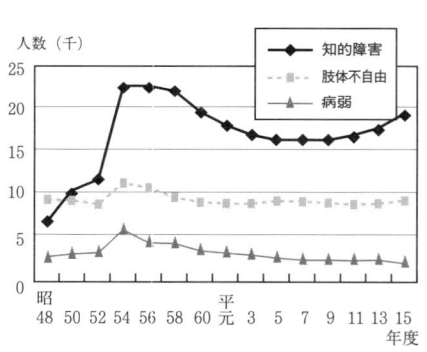

図1-3 養護学校小学部児童数の推移

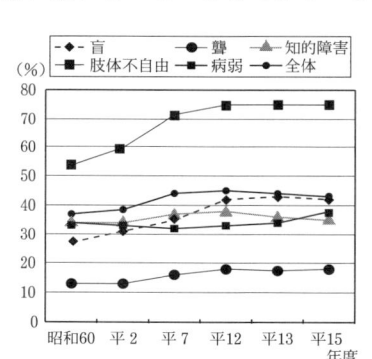

図1-4 小・中学部における重複障害児童生徒の比率の推移

また,いずれの学校種別においても,意思疎通が困難でほとんど寝たきりという重篤な重複障害者がかなりの数を占め,これらの児童生徒に対しては,障害種別を超えて人間行動の初期段階の指導が行われているという状況にある。このような状況にもかかわらず,就学段階においては主障害が何かが問題にされ,この主障害が就学先の学校を決定する決め手となっている。このような人間行動の初期段階の指導を中心課題に据えなければならない児童生徒の場合は,障害種別というより,通学の利便性や指導体制の整備等を視野に入れて就学すべき学校を決定した方がよいのではないかという意見も強く,こうした点は今後検討して改善すべき大きな課題の一つといえる。

このように,特殊教育諸学校は,いずれの学校種別も障害が非常に重い児童生徒の教育にシフトしてきているため,教員定数にも手厚い配慮が行われてき

た。図1-5は，障害種別の学校ごとに，児童生徒の総数を，常勤教員の総数で除した数字の年次推移を示したものである。1人の常勤教員が何人の児童生徒の教育に当たるかを単純に比較した数字とみていただきたい。

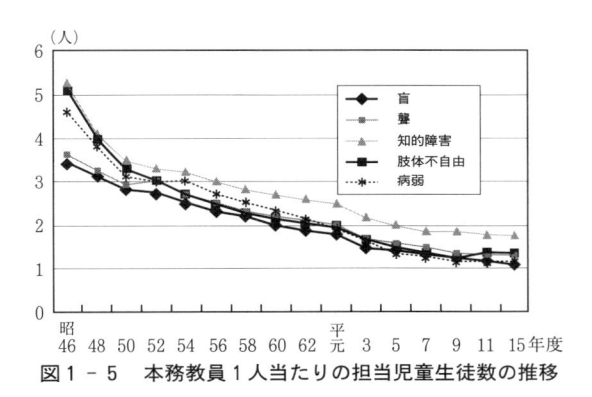

図1-5　本務教員1人当たりの担当児童生徒数の推移

この数字の推移からも，特殊教育諸学校の教員定数の改善が進み，教員1人当たりが担当する児童生徒数はかなり減少し，重篤な重複障害者に対しては，マンツーマンの指導体制を取ることができる状況になってきていることを知ることができる。

図1-5に示した数字は，常勤の教員を対象としたものであるが，寄宿舎指導員や事務職員をも含めると，児童生徒数より教職員数の方が多いという学校も少なくない。こうした状況を，障害の状況に応じてきめ細かな指導を行うために必要な措置とみるのか，費用対効果の観点から果たしてそれだけの効果を上げているのかという懐疑的な目でみるのかは，現状の評価を大きく分けることになる。いずれにしろ，「聖域なき構造改革」の視点に立てば，改革の対象として浮かび上がるのは当然のことともいえよう。

3）特殊学級における学級数及び児童生徒数の推移からみて

小・中学校に設置されている特殊学級についてみると，様々な施策の展開によってその数は昭和50(1975)年ごろまで急激に増加したが，その後は2万1000学級前後の数を保って平成4(1992)年ごろまで推移した（図1-6）。しかし，その後は急激な増加傾向を示すに至っている。

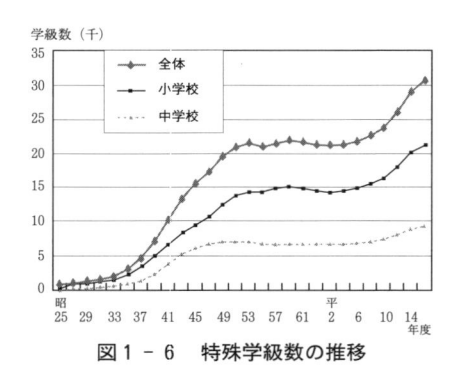

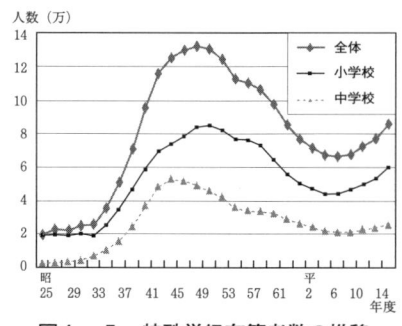

図1−6　特殊学級数の推移　　　　図1−7　特殊学級在籍者数の推移

　一方，児童生徒数の推移をみると，昭和50（1975）年ごろまでは学級数の増加に伴って急激に増加しているが，その後は平成8（1996）年まで減少の一途をたどり，ほぼ半数にまで減少した。しかし，平成8年以降は増加に転じ，2万人弱もの増加を示して現在に至っている（図1−7）。

　このような学級数や在籍児童生徒数の推移の中で，1学級当たりの児童生徒数の平均は，小・中学校ともに一貫して減少傾向をたどっている。ちなみに小・中学校の特殊学級に在籍する児童生徒数の合計が一番多かった昭和49（1974）年度においては，小学校の1学級当たりの平均在籍人数が6.6人，中学校では7.0人であったが，平成15（2003）年度においては，小学校，中学校ともに2.8人となっており，近年の学級数や児童生徒数の増加傾向（図1−6，図1−7）にもかかわらず，特殊学級1学級当たりの児童生徒数は，一貫して少人数化の一途をたどっている。

　このように，特殊学級の数が増加しても，1学級当たりの在籍児童生徒数の平均が減少傾向にあるということは，特別なサービスを必要とするような児童生徒が少ないために，特殊学級の定員を満たすに至らないということを意味するものではない。小・中学校の通常の学級には，特別なサービスを必要とするＬＤ（学習障害）やＡＤＨＤ（注意欠陥／多動性障害），高機能自閉症等の軽度障害児童生徒が6％以上在籍していると推測されているが，現状の特殊学級は，これらの児童生徒への対応を想定した制度になっていないところに問題を

抱えているといえる。このため，通常の学級に在籍しているこれら軽度の障害児に対する指導体制が緊急の課題として浮かび上がってきているのである。

4）障害児教育の今後の展望からみて

先進諸外国の障害児教育は，近年大きく様変わりしてきている。特別な場で行われていた障害児教育が，できる限り通常の教育システムの中で障害児も教育しようという方向性が打ち出され，それに基づいて障害児を小・中学校で教育するシステムが構築されてきている。

それに対して我が国の障害児教育は，今日まで場の教育体制を維持してきた。しかし，ノーマライゼーションの社会を目指すという崇高な理念のもとに，教育も「共に生きる」方向を重要視しなければならない時代となってきている。

平成14（2002）年に改正された就学基準は，障害の程度や範囲が弾力化されるとともに，「認定就学者」の制度が導入されて，一人一人の障害児をトータルにとらえて，そのニーズに対応した教育の場が選択できるシステムへとシフトした。また，特別支援教育への転換も，場の教育からニーズに応じた教育への脱皮であり，先進諸外国の改革に勝るとも劣らない方向性を打ち出したものといえる。

さて，我が国は我が国になじむ障害児の教育システムを構築していくことになるが，この際重要なキーワードとして，①多様な教育の形態の設定，②適切な教育の形態の選択，③教育の形態の柔軟な変更の，三つがあるのではないかと思われる。

第一のキーワードである障害のある児童生徒のための多様な教育の形態としては，障害児を教育する学校（特別支援学校：訪問教育を含む），小・中学校に設置される障害児のための学級（特別支援学級），通級による指導や巡回による指導などが考えられるが，その他に，通常の学級に在籍する軽度障害児の支援のための様々なリソースが用意されることになろう。これらの多様な教育の形態をどのような形で用意するかは主として行政が担うべき役割である。この場合，軽度障害児に対する支援システムが今後の重要な課題となる。

第二のキーワードは，こうした多様な教育の形態から，一人一人の障害の状

態等に応じて，最も適切な教育の形態をどのように選定（選択）するかである。従来，障害の軽重を第一義として最終的には教育委員会にその選定がゆだねられていたわけであるが，今後においては単に障害の軽重のみならず，受け入れる小・中学校の条件整備等様々な状況を勘案して決定できる仕組みを構築するとともに，専門家の意見のみならず，保護者の意向にも十分耳を傾ける道を開いていかなければならない。

　第三のキーワードは，柔軟な教育の形態の変更である。どんなに慎重に一人一人の障害児の教育の場が選定されようとも，最初に選定した教育の形態がその子どもにとって最も望ましい教育の形態として機能しない場合があり得るし，成長とともに障害の状態や学校生活への適応の状況等も変わってくる場合も多い。このような際には，子どもの立場を最大限に尊重して柔軟に教育の形態を変更することが大切であろう。

　今回の就学基準の改善や特別支援教育への方向は，今後の障害児教育にとって大切なキーワードを満たす方向で行われたものであり，これからの障害児教育を展望する上でも極めて重要な意味をもつものである。しかしながら，理想高き方向性とはいえ，これが本来の成果を上げるためには，今までにない新たなスキームの構築が求められるので，今後しばらくはその産みの苦しみを味わうことになるのではあるまいか。

(3) 特別支援教育と個別の教育支援計画との関連

　(2)項において，20世紀後半の我が国の特殊教育の歴史的経緯の一端を示して問題点を指摘したが，こうした問題点を克服して障害児教育に関する将来の展望を開くために，特別支援教育の方向が打ち出されたわけである。

　「今後の特別支援教育の在り方について」の最終報告書においては，特別支援教育を「特別支援教育とは，従来の特殊教育の対象の障害だけでなく，LD，ADHD，高機能自閉症を含めて障害のある児童生徒の自立や社会参加に向けて，その一人一人の教育的ニーズを把握して，そのもてる力を高め，生活や学習上の困難を改善又は克服するために，適切な教育や指導を通じて必要な支援

を行うものである」と定義し，この特別支援教育を推進するツールとして，「個別の教育支援計画」「特別支援教育コーディネーター」「広域特別支援連携協議会」の三つを挙げている。「広域特別支援連携協議会」は，地域における総合的な教育的支援のために有効な教育，福祉，医療等の関係機関の連携協力を確保するための仕組みで，都道府県行政レベルで部局横断型の組織を設け，各地域の連携協力体制を支援するためのものである。また，「特別支援教育コーディネーター」は，学内，または，福祉・医療等の関係機関との間の連絡調整役として，あるいは，保護者に対する学校の窓口の役割を担う者として各学校に置かれる専門職である。この両者ともに，一人一人の児童生徒のニーズに応じたトータルな支援を効果的に行うための組織作りの要として設定されたものであり，こうした支えのもとに「個別の教育支援計画」が作成されるのである。いうなれば，特別支援教育を支える最も重要なツールとして，「個別の教育支援計画」は設定されており，これがうまく機能するかどうかが特別支援教育を成功させるか否かの鍵であるといえよう。

2．個別の教育支援計画の意義

(1) クローズアップされた個別の教育支援計画

　前述したごとく，このところ障害児教育のみならず，教育全般がめまぐるしい改革の渦中にある。この改革の一つの視点として，一般の小・中・高等学校も，特殊教育諸学校も，学校完結型の教育はもう通用しなくなってきており，学校と地域，他の教育機関，福祉機関，医療機関等と連携しながら教育の問題を考えていかなければならない時代に突入してきた点が挙げられる。
　一般の小・中・高等学校の場合は，例えば，校内暴力や学級崩壊，いじめや不登校などという深刻な問題が顕在化している。一方，特殊教育諸学校は，児童生徒の障害の重度化，重複化，多様化等のため，医療や福祉等との連携が非

1章　特別支援教育と個別の教育支援計画

常に大切になってきている。また，小・中学校には，LD，ADHD，高機能自閉症などの軽度の障害児が相当数在籍しており，これらの児童生徒のニーズに対応した教育的支援を行うためには，当該学校以外の専門家や障害児教育を行う諸学校の教員との連携が必要となる。いずれの場合も「連携」が重要なキーワードとなっているが，この連携を確かなものにするための方策として，障害児教育の分野で個別の教育支援計画や特別支援コーディネーターが注目されてきている点に留意しなければならない。

さて，最初に個別の教育支援計画という考え方が示されたのは平成13（2001）年1月に出された「21世紀の特殊教育の在り方について」の報告である。この報告の基本的な考え方の中で，「障害のある児童生徒等が，地域社会の一員として，生涯にわたって様々な人々と交流し，主体的に社会参加しながら心豊かに生きていくことができるようにするためには，教育，福祉，医療，労働等の各分野が一体となって社会全体として，当該児童生徒等の自立を生涯にわたって支援していく体制を整備することが必要である」と記述している。この記述は，ライフステージの各段階における個別の支援計画の大切さをうたったものである。さらに，「教育，福祉，医療，労働等が一体となって乳幼児期から学校卒業後まで障害のある子ども及びその保護者等に対する相談及び支援を行う体制を整備する」必要性を強調しているが，この要を担うのが「個別の教育支援計画」である。なお，個別の支援計画は，現在，障害者福祉の分野においても，高齢者の介護の分野においても，非常に重要な視点として具体的な取り組みが行われている。

さて，「21世紀の特殊教育の在り方について」の報告の後，平成14（2002）年12月に，「障害者基本計画」が策定された。この「障害者基本計画」は，障害者施策の基本方針を閣議で決定したものであるが，その中で，教育・育成分野については，基本方針として「障害のある子ども一人一人のニーズに応じてきめ細かな支援を行うために乳幼児期から学校卒業後まで一貫して計画的に教育や療育を行うとともに，学習障害，注意欠陥／多動性障害，自閉症などについて教育的支援を行うなど教育・療育に特別のニーズのある子どもについて適

2．個別の教育支援計画の意義

切に対応する」という一文を掲げ，この基本方針に基づいて，具体的な五つの施策を打ち出している。第一は一貫した相談支援体制の整備，第二は専門機関の機能の充実と多様化，第三は指導力の向上と研究の推進，第四は社会的及び職業的自立の促進，第五は施設のバリアフリー化の促進である。この第一の一貫した相談支援体制の整備の要として，関係者の適切な役割分担のもとに，個別の支援計画を策定することがうたわれている。

さらにこの「障害者基本計画」の実現のために，平成14（2002）年12月に，「新障害者プラン」が策定されたが，このプランの中では，具体的にいつまでに何をやるのかが示されており，教育・育成関係では3点の具体計画が挙げられている。第一は，地域における一貫した相談支援体制整備のためのガイドラインを平成16（2004）年度までに策定することである。相談支援体制の整備の中でも，乳幼児期の教育をどのように推進するかの施策が重要であり，これに対する指針の策定に期待が寄せられている。第二は，LD，ADHD等に対するガイドラインの策定である。これは，平成16（2004）年1月に文部科学省が作成して都道府県に配付し，各学校にも届けられている。第三は，盲・聾・養護学校における個別の教育支援計画を平成17（2005）年度までに策定することである。こうした計画に基づいて各学校では，個別の教育支援計画の作成とそれに基づく教育の推進に全力投球しているところである。

さらに平成15（2003）年の3月には，「今後の特別支援教育の在り方について」の最終報告が公にされた。この報告は，今後我が国の特殊教育は，特別支援教育へ移行していく必要があることを提言したものであるが，この特別支援教育への移行に関しては，三つのキーワードが提起されている。第一は，個別の教育支援計画を作成して一人一人の児童生徒のニーズに対応した教育を行うことであり，第二は，特別支援教育コーディネーターを特殊教育諸学校及び小・中学校に配置することであり，第三は，広域特別支援連携協議会を都道府県に設置し，教育・福祉・医療・労働関係の横のつながりを作り，連携して一人一人のニーズに対応した支援を行おうとするものである。この三つのキーワードは，いずれも「個別の教育支援計画」をどのように策定して効果的に運用する

かに関連するものであるといえよう。

「今後の特別支援教育の在り方について」の報告書の中では，個別の教育支援計画に関してかなりの分量で具体的な記述がなされているが，これらの具体的記述に関しては，必要に応じて次項で取り上げる。

(2) 個別の教育支援計画への期待

障害のある児童生徒に対する教育は，一人一人のニーズに対応するというのが鉄則であり，従来からこの点に力を入れた教育が行われてきた。にもかかわらず，個別の教育支援計画の必要性がかくも声高に叫ばれるのはなぜであろうか。ここではその背景を踏まえながら，個別の教育支援計画に期待されている諸点に関して触れてみたい。

まず第一は，これまでの学校は「学校完結型」の教育をよしとして実践してきた点である。もちろん，特殊教育諸学校に在籍する児童生徒の障害が重度化・重複化するにつれて，医療や福祉の専門機関等との連携の重要性は認識され，これらと連携する若干の取り組みは行われるようになってきたが，組織的な取り組みはほとんど見られない状況にあったといえる。学校以外の専門機関等との連携に関して「今後の特別支援教育の在り方について」の最終報告書においては，「障害のある児童生徒のニーズは教育，福祉，医療等様々な観点から生じるものである。これらのニーズに対応した施策はそれぞれ独自に展開できるものもあるが，類似しているもの，又は密接不可分なものも少なくない。したがって，教育という側面から対応を考えるに当たっても，福祉，医療等の面からの対応の重要性も踏まえて関係機関等の連携協力に十分配慮することが必要となる」とし，さらに，「現在，各都道府県等で進めつつある，教育，福祉，医療，労働等が一体となって乳幼児期から学校卒業後まで障害のある子ども及びその保護者等に対する相談及び支援を行う体制の整備を更に進め，一人一人の障害のある児童生徒の一貫した『個別の教育支援計画』を策定することについて積極的に検討を進めていく必要がある」と，組織的な体制整備の必要性を強調している。したがって，「個別の教育支援計画」で第一に期待されるもの

は，当該学校以外の専門機関との連携である点を銘記しなければならない。

　第二に，学校間の連携が挙げられる。特別支援教育への移行は，従来の障害のある児童生徒に対する指導の場（盲・聾・養護学校，小・中学校の特殊学級，通級指導教室を意味する）で行われる教育から，通常の学級を含めてどのような教育の場にいる障害児であっても，そのニーズに応じた教育を行う体制への転換である。そこで大きく浮かび上がるのが，小・中学校の通常の学級に在籍している学習障害（LD），注意欠陥／多動性障害（ADHD），高機能自閉症等の軽度障害児である。これらの軽度障害児は，通常の学級に6％以上在籍していると推測されるが，これらの者の教育的ニーズに現在の小・中学校の教員スタッフだけでは適切に対応できないのは明らかである。この問題を解決する方策は今後の重要な課題であるが，少なくとも障害児教育のノウハウを有する盲・聾・養護学校から何らかの支援を受けたり，地域の専門機関や専門家の支援を受けたりする体制がぜひ必要であろう。この場合，当該学校ではどのような教育的支援の体制が組めるか，当該学校以外からどのような支援を受ける必要があるか，それは具体的にどの学校や機関から得られるか等を一人一人について明らかにすることが大切である。まさに，個別の教育支援計画の作成が求められるのである。この点について報告書では，「盲・聾・養護学校と比べて個別の指導計画の作成の実績が少ない小中学校等においては，教育委員会に置かれる専門家チームの相談・巡回指導，盲・聾・養護学校，特殊教育センター等の支援が得られるような体制の整備が重要である」と記している。

　学校間の連携でもう一つ見逃してはならない点は，障害の重度化・重複化・多様化の中で，例えば視覚障害や聴覚障害のある児童生徒は，知的障害者を教育する場にも，肢体不自由者を教育する場にも相当数存在するという点である。これらの児童生徒に対して，視覚障害や聴覚障害のノウハウを蓄積している教育の場から支援してもらうという体制も今後の重要な視点であろう。

　第三は，対象児童生徒の障害が重度化・重複化・多様化する中で，保護者とのますます強力な連携が必要となってきている点である。この保護者との連携を効果的に行うツールとしても，個別の教育支援計画は重要な位置を占めるとい

える。この点について報告書では,「児童生徒への適切な教育的支援を行う場合に,保護者は重要な役割を担うものであり,『個別の教育支援計画』の作成作業においては,保護者の積極的な参画を促し,計画の内容について保護者の意見を十分に聞いて計画を作成又は改訂することが必要である」と述べている。

一人一人の児童生徒にとって,常に保護者は小さなセンター的役割を果たす存在である。我が子に何か問題が起こると,その解決のために情報を収集し,必要な専門機関や専門家等と連携して問題解決に最大限の努力を惜しまない。こうした努力は保護者が生存する限り終わることはない。この保護者との連携を図る段階で学校に求められる姿勢は,こうした保護者のミニセンター的存在を重視して児童生徒の教育的支援の在り方を検討することではなかろうか。具体的にどのように保護者と連携して個別の教育支援計画を作成するかに関しては,2章で詳述したい。

第四は,一人一人の児童生徒の成長・発達に関する長期的・継続的展望を総合的にもつためにも,個別の教育支援計画の意義は大きいという点である。この場合,各学校には年間を通した総合的な教育計画である教育課程が編成されているので,この教育課程と個別の教育支援計画とをどのように関連づけるかを十分に踏まえることが重要である。

ところで,個別の教育支援計画の作成目的に関して報告書では,「障害のある児童生徒の一人一人のニーズを正確に把握し,教育の視点から適切に対応していくという考えの下,長期的な視点で乳幼児期から学校卒業後までを通じて一貫して的確な教育的支援を行うことを目的とする」と述べている。ここで留意しなければならない点は,「長期的視点から……一貫して的確な教育的支援を行う」という記述から,例えば,小学校や小学部に入学する段階で,学校教育全体や卒後の社会参加等までを見通した計画を作成しなければならないのではないかという誤解をしないことである。長期的見通しを立てることは大切であるが,「絵に描いた餅」のような夢物語の見通しでは,個別の教育支援計画の長期目標としての意味をなさない。ここでいう「長期的視点から……一貫した的確な教育的支援」とは,少なくとも2～3年の長期的見通しを立てながら

それを適切に見直して修正し，連続的な視点をもって目標が引き継がれて教育が行われ，さらに社会参加するための移行支援計画へとつなげていくという計画，実施，評価（Plan - Do - See）の継続的システム構築の重要性を指摘しているのである。個々の児童生徒によって事情は異なるであろうが，長期的視点からの目標は，多くの場合3年程度を目安として，常にその目標は見直していくという姿勢が望まれるといえよう。

さて，こうした点を踏まえて教育課程と個別の教育支援計画との関連を明確なヴィジョンとして描き，横の空間的広がりと縦の時間的広がりの両側面を兼ね備えた計画の立案とそれに基づく取り組みが求められているといえよう。個別の教育支援計画と教育課程の具体的関連に関しては，2章で詳述するので，参照されたい。

なお，個別の教育支援計画と個別の指導計画とはかなり性格を異にするものであるという認識も大切である。前述したごとく，個別の教育支援計画が時間と空間の両側面からトータルに計画されたものであるのに対して，個別の指導計画は，教育課程のもとに行われる指導を，教科や領域ごとに具現化した詳細な指導の計画であるという点に留意する必要がある。したがって，個別の教育支援計画がクローズアップされたからといって，個別の指導計画がなおざりにされるようなことがあってはならない。個々の児童生徒のニーズに応じた具体的な指導を効果的に行うためには，今後ますます個別の指導計画が重要になってくるのである。

（香川邦生）

3．個別の教育支援計画におけるコーディネーターの機能と役割

(1) 特別支援教育におけるコーディネーターの位置づけ

今，教育は大きな変革期を迎えている。障害のある子どもの教育については，「21世紀の特殊教育の在り方（最終報告）」（21世紀の特殊教育の在り方に関する

1章　特別支援教育と個別の教育支援計画

調査研究協力者会議，平成13年1月）に続き，平成13（2001）年10月に「特別支援教育の在り方に関する調査研究協力者会議」が設置され，平成15（2003）年3月には「今後の特別支援教育の在り方について（最終報告）」（以下「研究協力者会議最終報告」という）が公表され，変革の方向性が提言された。

研究協力者会議最終報告では，今後の障害のある子どもの教育について「児童生徒一人一人の教育的ニーズに応じて適切な教育的支援を行う『特別支援教育』への転換を図る」点が提言された。「特別支援教育」については，「これまでの特殊教育の対象の障害だけでなく，その対象でなかったＬＤ，ＡＤＨＤ，高機能自閉症も含めて，障害のある児童生徒に対してその一人一人の教育的ニーズを把握し，当該児童生徒のもてる力を高め，生活や学習上の困難を改善又は克服するために，適切な教育や指導を通して必要な支援を行うものである」と述べている。

これは，障害のある児童生徒への教育の考え方についての大きな転換を求めるものである。研究協力者会議最終報告では，特別支援教育を支える上での具体的な仕組み（キーワード）として，多様なニーズに適切に対応するための「個別の教育支援計画」の策定，校内や関係機関を連絡調整するキーパーソンである「特別支援教育コーディネーター」の指名，質の高い教育的支援を支えるネットワークである「広域特別支援連携協議会」等の設置の三つを挙げている（図1－8）。

「個別の教育支援計画」は，障害のある子どもにかかわる教育，医療，福祉等の関係機関や関係者，保護者等が子どもの障害の状態等にかかわる情報を共有し，教育的支援の目標や内容，関係者の役割分担などについて計画するものである。また，障害のある子どもを生涯にわたって支援する視点から，一人一人のニーズを把握して，関係者・機関の連携による適切な教育的支援を効果的に行うために策定するものでもある。

「特別支援教育コーディネーター」は，校内や福祉，医療等の関係機関との間の連絡調整役として，あるいは，保護者に対する学校の窓口として，連絡・調整的な役割を担う者を学校の校務に位置づけ，校内の関係者や関係機関等と

3．個別の教育支援計画におけるコーディネーターの機能と役割

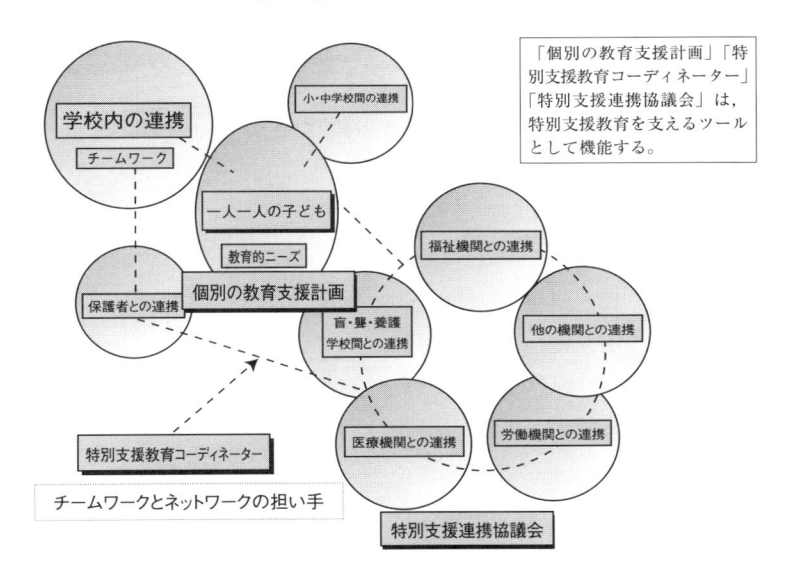

図1-8　特別支援教育を支える三つのキーワード

の連携協力の強化を図るためのものである。

「広域特別支援連携協議会」は，一定規模の地域を，必要な教育的支援が提供される「支援地域」としてとらえ，盲・聾・養護学校や小・中学校，医療・福祉機関等の専門機関が連携協力し，地域全体で支援するためのネットワーク作りをするため，都道府県において教育委員会や福祉等関係部局を含めた部局横断型の組織として設置するものである。また，「支援地域」ごとに，企画・調整・支援等を行う組織として「特別支援連携協議会」を設置することも考えられている。

特別支援教育は，こうした仕組みを駆使しつつ，一人一人の教育的ニーズに応じた適切な教育を，教育・医療・福祉・労働等の既存の資源を「チームワーク」「ネットワーク」でつなぎ，その力を最大限に活用して行うものといえる。「個別の教育支援計画」「特別支援教育コーディネーター」「特別支援連携協議会」は，特別支援教育を支えるツール（道具）として機能するものであると考えられている。

(2) 特別支援教育におけるコーディネーターの機能と役割

1）特別支援教育コーディネーターの機能

特別支援教育コーディネーターは，障害のある児童生徒の支援という目的を達成するために，様々な資源を調整し整備するコーディネーションを行うことを基本的な機能としている。特別支援教育コーディネーターの機能は，小・中学校等と盲・聾・養護学校によって違いはあるが，基本的には次の5点を挙げることができる（図1－9，図1－10）。

① 児童生徒と校内外の支援資源とをつなぐコーディネーション
② 関係者間の調整を行い，チームやネットワークでの支援を促進するファシリテーション
③ 学校組織や指導担当教員への相談・助言を行うコンサルテーション
④ 地域の支援資源間の連携の輪を形成するネットワーキング
⑤ 保護者への相談を行ったり，その状況を見極めて，必要に応じて適切な支援のプロセスを検討したりするアセスメントや相談，カウンセリング

コーディネーション機能	コンサルテーション機能	ファシリテーション機能
子どもたちの教育的ニーズを具体的な支援や資源に結びつける役割。校内の教育資源，地域の教育，医療，福祉，労働等の資源の状況を把握し，個々の子どもたちの教育的ニーズと上手に組み合わせ，結びつけ，具体的な支援をコーディネートする働き。	子どもの状況を把握し，どのように接したり，指導・支援したらいいのかを，保護者や担任教員へアドバイスしたり，実際に，デモンストレーション（示範）をしたりすることや，校内研修等で知見を提供することなどのコンサルテーションを行う働き。	学校内の教員やその他の職員の知恵や力を集めて，子どもへの指導や支援の計画を立てたり，具体的な支援活動を行うための取り組みを推進する働き。そのために，関係者の立場を理解し，その知恵や力を発揮してもらうために，必要な連絡や調整を行う働きがある。
ネットワーキング機能	**相談機能**	**アセスメント機能**
特に，盲・聾・養護学校のコーディネーターにとって必要な機能。地域の教育，医療，福祉，労働などの各資源との間にネットワークを構築したり，既存のネットワークにアクセスして，情報の流れを円滑にし，支援資源として活用できるようにする働き。	保護者や担任教員への相談の窓口役割を担う働き。可能であれば，保護者や担当教員の相談を行ったり，必要があれば，より専門的な相談機関への橋渡しを行うことも必要。	児童生徒の実態を把握し，校内での指導・支援を行うか，より専門的な機関へ判断や支援をゆだねるかの見極めを行う機能。

図1－9　特別支援教育コーディネーターの基本的機能

3．個別の教育支援計画におけるコーディネーターの機能と役割

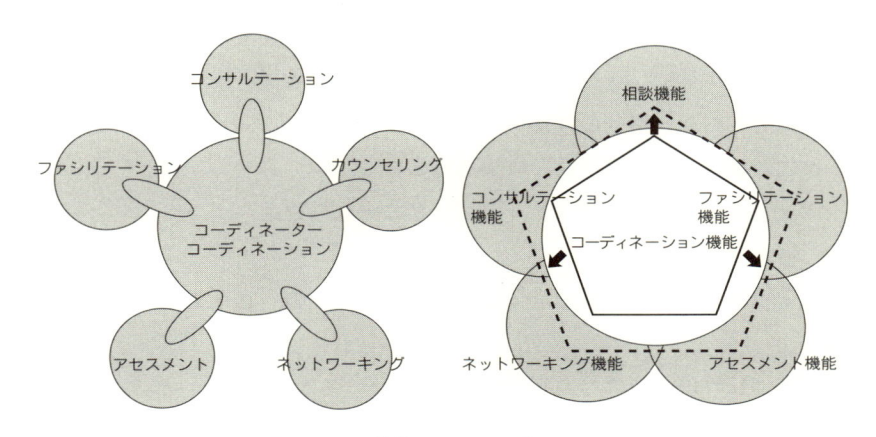

図1−10　機能のコーディネーション

　特別支援教育コーディネーターは，これらの機能を一人ですべて担うというのではなく，それらの機能をチームアプローチで行うために関係者間の連携を促進したり，実施に必要な校内の教員や外部の専門家とのチームを形成したりすることも大切となる。また，担当した教員は，経験や研修を積み上げることによって，特別支援教育コーディネーターとしての機能を広げたり深めたりすることができるだろう。

２）特別支援教育コーディネーターの役割

　特別支援教育コーディネーターには，子どもへの支援という目的を達成するために様々な役割があるが，小・中学校等と盲・聾・養護学校によっても，また，実際に特別支援教育コーディネーターを担う担当教員の資質によっても，さらに，それぞれの学校の状況，地域の状況によっても異なるだろう。しかし，一般的には，次のような役割が考えられる。

ア．小・中学校等

① 　各学校の特別支援教育の全体計画（年間計画）の立案（実施・評価）の推進
② 　校内や校外の支援資源の把握や開発の推進
③ 　校内の特別の教育的ニーズのある児童生徒の状況把握の推進
④ 　校内支援委員会の構成と運営の推進

⑤　校内の関係者間の連絡調整と全職員によるチーム支援の推進
⑥　校外の関係機関，専門家チームや巡回相談員との連絡調整と連携の推進
⑦　保護者への相談活動の推進
⑧　校内教職員への理解啓発・研修活動の推進
⑨　保護者や地域への理解啓発・講演会等の実施の推進

　イ．盲・聾・養護学校
①　各学校の特別支援教育の全体計画（年間計画）の立案（実施・評価）の推進
②　校内や校外の支援資源の把握や開発の推進
③　校内の特別の教育的ニーズのある児童生徒の状況把握の推進
④　校内事例検討会（個別の教育支援計画検討委員会）の構成と運営の推進
⑤　校内の関係者間の連絡調整と全職員によるチーム支援の推進
⑥　校外の関係機関，専門家チームや巡回相談員との連絡調整と連携の推進
⑦　校内の児童生徒の保護者への相談活動の推進
⑧　校内教職員への理解啓発・研修活動の推進
⑨　センター的機能にかかわる地域の小・中学校への支援の推進
⑩　センター的機能にかかわる地域の保護者や機関等への支援の推進
⑪　センター的機能にかかわる地域への理解啓発の推進
⑫　センター的機能にかかわる地域資源間のネットワーク形成の推進

　小・中学校においては，これまでの特殊教育対象の障害だけでなく，ＬＤ，ＡＤＨＤ，高機能自閉症等も含めて障害のある児童生徒一人一人の教育的ニーズに応じた適切な指導・支援を，特殊学級担任や通級による指導担当教員だけでなく，通常の学級の担任も含め，全職員のチームワークによって行うこと，また，外部の専門機関等との連携を一層進め，より専門的な指導・支援を行うことなどが求められている。

　また，盲・聾・養護学校においては，校内の児童生徒一人一人の教育的ニーズに応じた適切な指導・支援を行うために，校内の全職員の連携と医療，福祉，労働，教育の各機関との連携を一層進め，加えて，センター的機能にかかわり，

地域の小・中学校等への支援や地域の関連機関間の連携ネットワークの形成等を一層進めることが求められている。

特別支援教育コーディネーターは、こうした、特別支援教育の意義の理解・啓発やチームワークによる指導・支援を行うことへの意識を高める下地作りを行うことも、その大きな役割であるといえる。

小・中学校においては、児童生徒一人一人の教育的ニーズに応じた適切な指導・支援を、全職員のチームワークで行うために、児童生徒の実態把握や状況の判断、及び指導・支援の計画の立案と実施・評価等の検討を行う校内組織として校内支援委員会・校内事例検討会（個別の教育支援計画検討委員会）が位置づけられる。また、盲・聾・養護学校においても、同様な意図でこれらの会議が位置づけられる。

(3) 個別の教育支援計画の作成におけるコーディネーターの役割

個別の教育支援計画は、障害のある児童生徒にかかわる教育、医療、福祉等の関係機関や関係者、保護者等が児童生徒の障害の状態等にかかわる情報を共有し、教育的支援の目標や内容、関係者の役割分担などについて計画するものである。また、障害のある児童生徒を生涯にわたって支援する視点から、一人一人のニーズを把握して、関係者・機関の連携による適切な教育的支援を効果的に行うため策定するものとされている。

特別支援教育コーディネーターは、関係者間の連携を促進し、個別の教育支援計画の策定を推進する役割を担うものである。

1）小・中学校等の特別支援教育コーディネーター

小・中学校では、児童生徒一人一人の実態把握や状況の判断、及び指導・支援の計画の立案と実施・評価等の検討を行う校内組織として、校内支援委員会が位置づけられている。校内支援委員会を構成し、運営を推進することが特別支援教育コーディネーターの大きな役割である。したがって、校内支援委員会の機能を実現するため、校内の関係者や保護者、専門家チームや巡回相談員、地域の盲・聾・養護学校のセンター的機能や地域資源との連携を進め、個別の

1章　特別支援教育と個別の教育支援計画

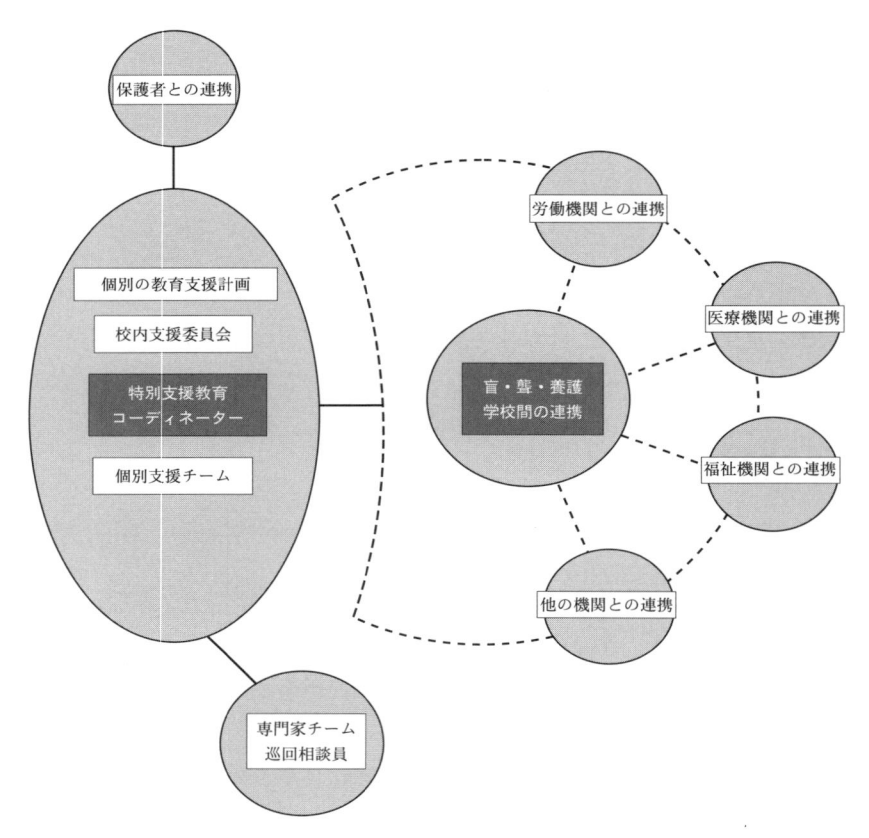

図1-11　小・中学校における校内組織とコーディネーター

教育支援計画の策定に向けての取り組みを推進する役割を担っているともいえる（図1-11）。

2）盲・聾・養護学校の特別支援教育コーディネーター

　盲・聾・養護学校では，これまでも担任が中心となり，校内外の関係者間との連携を進めてきた。特別支援教育体制では，これらの連携を一層深めるために，特別支援教育コーディネーターが位置づけられ，校内体制の中で，全職員によるチームワークでの支援を進めるために，校内事例検討会等が行われている。こうした取り組みをさらに進める中で，個別の教育支援計画策定会議の実

3．個別の教育支援計画におけるコーディネーターの機能と役割

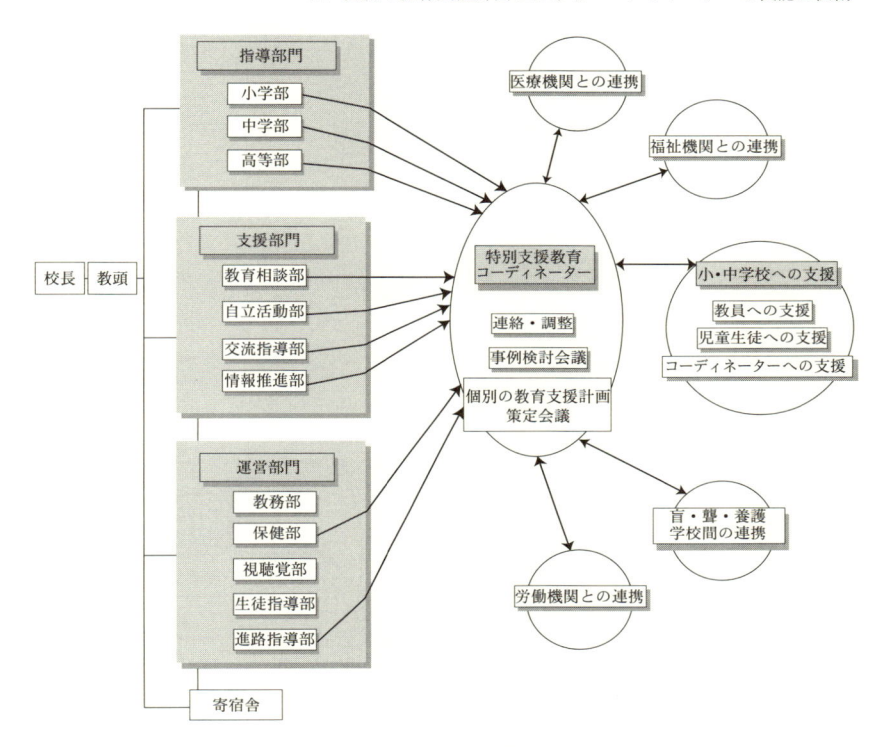

図1-12　盲・聾・養護学校における校内組織とコーディネーター

践が始まっている。特別支援教育コーディネーターは，個別の教育支援計画策定会議の取り組みを推進する役割を担っている。

また，特別支援教育コーディネーターは，盲・聾・養護学校のセンター的な機能を実施するキーパーソンとして，地域の小・中学校等での個別の教育支援計画の策定や実施への支援を担うことになる（図1-12）。

(4)　関連機関との連携とコーディネーターの役割

特別支援教育コーディネーターは，地域の関連機関との連携の担い手としても重要な役割を担っている。各学校における児童生徒の教育的ニーズと，教育・福祉・医療・労働等の関連機関等の地域資源とを結びつける役割である。校内

での指導・支援に加えて，より専門的な支援を行うために，児童生徒，保護者，担当教員への地域資源の活用を推進する役割がある。

また，盲・聾・養護学校のコーディネーターには，支援地域の連携ネットワークを新たに構築したり，既存の連携ネットワークの機能を高めるための働きかけを行うことも期待されている。

(5) 支援地域におけるネットワークとコーディネーターの役割

特別支援教育体制の構想には，一定規模の地域を，必要な教育的支援が提供される「支援地域」としてとらえ，盲・聾・養護学校や小・中学校，医療・福祉機関等の専門機関が連携協力し，地域全体で支援するためのネットワーク作りをすることの提案もなされている。

そのため都道府県においては，教育委員会をはじめ，福祉等関係部局を含めた部局横断型の委員会として，広域特別支援連携協議会を設置し，各支援地域の企画・調整・支援等を行うこととし，また，「支援地域」ごとに，特別支援連携協議会を設置することも考えられている（図1－13）。

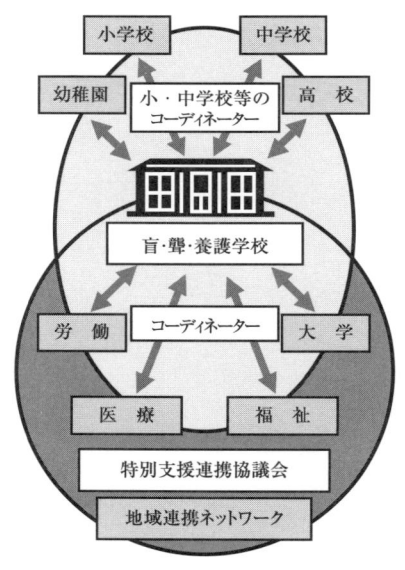

図1－13　支援地域と連携

(6) 個別の教育支援計画の運用におけるコーディネーターの役割

個別の教育支援計画は，障害のある子どもを生涯にわたって支援する視点から，一人一人のニーズを把握して，関係者・機関の連携による適切な教育的支援を効果的に行うために作成するものである。特別支援教育コーディネーターは，各学校における個別の教育支援計画の作成の推進役であり，また，その運

用・実施を促進する役割も担う。

　個別の教育支援計画の運用・実施は，作成のプロセスを共有する関係者と各学校との連携関係にある関係諸機関等地域資源のチームワークとネットワークによって行われる。個別の教育支援計画に基づき，関係者間の調整を行い，実施の促進をするのがコーディネーターの役割である。また，個別の教育支援計画が適切に実施されているかについて，随時モニターし，適切な時期に評価し，その計画の見直しを推進する役割も特別支援教育コーディネーターが担っていると考えられる。

（松村勘由・澤田真弓）

〈文献〉
教育改革国民会議（2000）「教育改革国民会議報告──教育を変える17の提案」
21世紀の特殊教育の在り方に関する調査研究協力者会議（2001）「21世紀の特殊教育の在り方について（最終報告）」
特別支援教育の在り方に関する調査研究協力者会議（2003）「今後の特別支援教育の在り方について（最終報告）」
柘植雅義（2004）「これからの特別支援教育政策」『教育と医学』618，慶應義塾大学出版会，p.22-29
中央教育審議会（2004）「特別支援教育を推進するための制度の在り方について（中間報告）」
全国心身障害児福祉財団（2004）『特別支援教育実践ハンドブック』
全国特殊学級設置学校長協会（2003）『小学校における特別支援教育の体制づくり』日本文教出版

2章 個別の教育支援計画の構造

1．ライフステージに応じた個別の支援計画とその構造

(1) ライフステージに応じた個別の支援計画

　平成14（2002）年12月に策定された「障害者基本計画」においては，その「基本的な方針」の中で，利用者に視点を当てた総合的で効果的な施策の必要性が強調されている。具体的には従来の縦割り行政ではなく，教育，福祉，医療，労働等の関係行政機関が緊密に連携して総合的な施策を展開するために，適切な圏域設定を行うなどして相談支援やサービス提供体制を整える必要性を提案している。「特殊教育」体制から「特別支援教育」体制への移行は，まさにこうした施策を推進する一環として行われようとしているとみることもできよう。

　ところで，こうした関係行政機関が密接に連携して，一人一人の障害者等のライフステージに応じた対応や支援を行っていくためには，連携の要となる計画が必要となる。この計画が個別の支援計画であり，成人障害者に対しては，支援費制度を支える個別の支援計画の策定がすでに行われているし（平成15年度から），高齢者に対しては，介護保険制度を支える要介護度に応じた個別の支援計画が策定されている。「個別の教育支援計画」は，学校教育を必要とする年代における個別の支援計画である。なお，個別の教育支援計画の一端を担うものとして「個別移行支援計画」があるが，これは，学校教育を終えて社会人として独立していくための過程を支援しようとするものであると一般的には解釈されている。このように学校教育と社会生活や職業生活への橋渡しの支援

ととらえられているが，移行支援計画の中には，幼児期の支援から学校教育への移行や学校教育内部の移行，つまり小学部から中学部への移行，中学部から高等部への移行等も視野に入れなければならないであろう。

　ライフステージのそれぞれの時期に応じた個別の支援計画が策定され，それに基づいた効果的で効率的な支援を行うことが望まれているわけであるが，そのためには，この個別の支援計画の中に，一人一人の障害者等をある圏域の中でどのように支援するのか，そのために縦割り行政の枠に縛られないでどのような連携が行われるのかが具体的に検討されなければならない。また，様々な専門機関や専門家等と連携して一人一人にふさわしい支援を行っていくためには，ライフステージに応じてその要となる行政機関や施設等が必要である。例えば，学校教育段階においては教育委員会や障害児を教育する学校が中核的役割を担うことになるし，成人障害者においては福祉関係の行政機関や福祉施設等が中核的役割を担うことになるであろう。かくして，中核的役割を担う機関等が中心となって関係機関と連絡・調整，連携して個別の支援計画を策定し，具体的な支援活動の実施に当たっても，そのマネージメントの役割を担うことになるのである。

(2) 個別の教育支援計画と連携の課題

　「今後の特別支援教育の在り方について（最終報告）」においては，「個別の教育支援計画」を多様なニーズに適切に対応する仕組みとして位置づけ，「障害のある子どもを生涯にわたって支援する観点から，一人一人のニーズを把握して，関係者・機関の連携による適切な教育的支援を効果的に行うために，教育上の指導や支援を内容とする『個別の教育支援計画』の策定，実施，評価（「Plan‐Do‐See」のプロセス）が重要」と述べ，さらに，「障害のある児童生徒に対する教育的支援は，教育のみならず，福祉，医療，労働等の様々な側面から多様な取組が求められるため，関係機関，関係部局の連携協力をこれまで以上に密接にすることにより，専門性に根ざした総合的な教育的支援が可能となる。こうした関係機関等の連携を効果的に行う上でも，『個別の教育支援計

2章　個別の教育支援計画の構造

画』は有効なものと考えられる」としている。つまり，これまで，ともすると教育に関する課題は学校の責任において解決すべき問題という認識のもと，学校の中だけで解決しようとする「学校完結型」の教育に力を注いできたが，多様な障害のある児童生徒のニーズにさらに的確に対応した指導を行うという観点から，学校における教育を中核としつつも様々な関係機関や専門家等と密接に連携して課題に対応することの大切さを指摘しているのである。

　このように，特別支援教育においては「連携」というキーワードがクローズアップされているが，これは学校教育段階にとどまらず，すべてのライフステージにおける個別の支援において大切なものである。以下においては，この連携をどのようにとらえればよいかについて検討してみたい。

１）連携の意味

　連携の必要性は様々な分野で話題となるが，いったい連携とは何を意味するのであろうか。連携という言葉に関して広辞苑では，「同じ目的をもつ者が互いに連絡を取り，協力し合って物事を行うこと」とある。この意味から，少なくとも「連絡を取る」ことや「調整を行う」「協力を得る」こととはひと味違うニュアンスが含まれているといえる。

　ところで近年，異なる職種の町工場の経営者が集まって，それぞれの専門技術等を提供しつつ新しい技術や製品を生み出す営みを行っているという報道を見聞するが，これはまさに連携の最も素晴らしい実践といえるのではあるまいか。行政レベルにおいても，ベンチャー企業を奨励するため，異職種間の連携による新製品や新技術の開発に力を注いでいる。

　連携（collaboration）の最も望ましい姿は，お互いに異質な情報や技術等をもった人・機関・組織等が，共同して一つの目的達成を目指すことによって，単独では実現困難なより高く包括的なレベルの成果を生み出す営みととらえることができるのではなかろうか。

　このような最も望ましい連携の姿をヴィジョンとしてもつことは大切であるが，この望ましいヴィジョンがはじめから簡単に実現するわけではないし，このような営みでないと連携ではないということになると，連携そのものを語っ

たり，具体的な取り組みのアクションを起こしたりすることが非常に難しくなる。様々な形の連絡や依頼，あるいは資料のやりとりや意見交換，さらには打ち合わせ時間・場所・内容の調整等，日常的な仕事を進める上での様々な人や組織間での接触が，前述した望ましい連携のヴィジョン実現のために重要な位置を占めることを忘れてはならない。したがって，連絡や調整，協力関係，意見交換，資料のやりとり等も，連携を進める上でのツールであるとともに，連携の一部であるという認識のもとに，これらを大切にした実践が必要であると考える。

2）連携の形態と課題

　連携の形態には，人と人との連携，機関と機関の連携，組織と組織の連携，さらには，様々な人・機関・組織が一体となったネットワーク等が考えられるが，連携をスムーズに行うためには，何といっても人と人との結びつきや接触がその基本であることを忘れてはならない。どんなに機関と機関や組織と組織が連携を取るための青写真を作っても，それを実行に移す人間の意識が低ければ，その青写真は形骸化してしまう。青写真が本来の力を発揮するためには，機関や組織にかかわっている人間が，連携の第一線に立たなければならない人間が，連携の必要性をどれだけ認識しているかである。

　前述したごとく，今日までの教育界は，「学校完結型」の教育を主流においた実践を行ってきた。このため，学校以外の様々な機関や組織等との連携にはなじみが薄いきらいがあった。特別支援教育を推進するためには，連携は非常に重要なキーワードとなるので，これまでの反省のもとに，教員一人一人が連携の必要性を認識するという意識改革を行い，一人一人が日常的に連携の実践を行うよう心掛けることが重要である。

3）望まれる連携の対象

　「今後の特別支援教育の在り方について」の最終報告においては，質の高い教育支援を支えるネットワークとして「広域特別支援連携協議会」の必要性を強調している。この解説として「地域における総合的な教育的支援のために有効な教育，福祉，医療等の関係機関の連携協力を確保するための仕組みで，都

道府県行政レベルで部局横断型の組織を設け,各地域の連携協力体制を支援すること等が考えられる」と述べている。こうした部局横断型ネットワークが組織され,トップダウンで末端の連携がうまく機能する方向が望まれているわけであるが,この体制が整っている地域はほとんど見られないので,当面はボトムアップ方式の連携を実践していく必要があるのではなかろうか。この場合,どのようなところから連携の口火を切ればよいのかを考えてみたい。こうした具体的な連携を考える際,小・中学校に在籍している障害児を想定する場合と,障害児を教育する学校(盲・聾・養護学校)に在籍している児童生徒を想定する場合とでは,若干異なるので,これを分けて検討することとする。

　繰り返すことになるが,以下に述べる点は,連携に取りかかる切り口の一側面であり,これが連携のすべてであることを意味するものではない。

ア．小・中学校の場合

　関係機関の有機的な連携協力に関して最終報告では,「障害のある児童生徒一人一人の教育的ニーズに対応して効果的・効率的に教育を行うためには,盲・聾・養護学校と小・中学校の日常的な情報交換はもちろん,児童生徒に対する教育を行う上で密接な連携が不可欠である」と,両者の連携の必要性を強調している。特に小・中学校の通常の学級には,学習障害や注意欠陥／多動性障害,高機能自閉症等の軽度障害児が6％以上在籍していると推測されているので,これらの児童生徒のニーズに対応した適切な支援を提供するためには,障害児教育のノウハウを蓄積している障害児を教育する学校からの様々な支援が非常に重要な視点となる。ほとんどの障害児を教育する学校においては,近年,障害児教育に関する地域のニーズに対応するためのセンター機能を充実させているので,小・中学校の要請があれば,積極的にこれに対応する素地があると思われる。

　しかしながら,小・中学校において通常の学級に在籍している軽度障害児に対する適切な支援を考える際に最も大切なのは,校内の教職員の連携をどのように図っていくかではなかろうか。おそらく小・中学校で特別な支援が必要な児童生徒の問題を考える際には,障害があるか否かではなく,学習上あるいは

行動上様々な問題を抱えている児童生徒に視点を当て，これらの児童生徒にどのような対応をしていくべきかが検討されるのではないかと思われる。こうした問題のある児童生徒への対応策は，校内の教職員の現有勢力でどこまで対応可能か，対応困難な課題は何で，それはどのような専門機関や専門家の協力を得る必要があるかなどという手順で検討されるのであろう。この場合，大切なのは校内の教職員のコンセンサスや協力体制であり，まさに校内の連携こそ，こうした課題対応への基本であることを銘記すべきである。

　小・中学校において障害児の問題を検討する際には，障害児学級の担任や通級指導教室担当の教員がコーディネーター役としての中心的役割を担うことになるのではないかと思われるが，こうした担当教員がいない学校においては，コーディネーターの役割を担う教員を早急に確保する努力が望まれる。

　もう一つ忘れてはならない点は，保護者との連携協力体制の確立である。学校としてどのような姿勢で一人一人の教育的ニーズを踏まえた対応に力を注ごうとしているのかを理解してもらうための働きかけを行うとともに，保護者との意見交換を行うなどしてそれを何らかの形で反映させる努力を行うことが大切である。また，特別なニーズがあると判断して，それに対する対応を行う際には，対象となる児童生徒の保護者には，十分な理解と協力を得る体制を整えねばならない。

　こうした校内体制を整えた上で，必要に応じて障害児を教育する学校と連携するとともに，教育センターや大学をはじめとする専門機関や学校心理士や学校カウンセラー等の専門家の協力を仰ぐなどの対応が大切である。また，教育委員会が組織している専門家チームの適切な支援を得ることも重要であろう。

　以上のように考えてくると，小・中学校において特別支援教育コーディネーターの役割を担う教員は，校内の協力体制を整える要となるとともに，校外の専門機関や専門家等との連携の要ともなる存在として位置づける必要がある。

　もう一つ視野に入れなければならない側面は，この教育に関連のあるNPOなどとの連携である。この点に関して最終報告では，「草の根的に，独自のネットワークを活用し，献身的に取り組む『親の会』やNPO等の活動の中には，

教育の充実や効果的な展開において重要な役割を果たしてきたものもある。今後，教育委員会や学校において障害のある児童生徒一人一人の教育的ニーズに対応して質の高い教育をより効果的に推進するためにもこれらの会等とも連携協力を図ることが重要である」と記している。地域によっては，こうした質の高いNPO活動も盛んなので，十分に情報を集めて対応する必要があろう。

　小・中学校においてこうした一人一人の教育的ニーズを大切にした教育を推進できるか否かは，校長をはじめとする管理職の熱意と意識に大きく左右される。「特別支援教育」を，単に「障害児のための教育システム」ととらえるのではなく，「すべての児童生徒一人一人のニーズに応じたきめ細かな支援体制確立のために大切な視点」であるととらえ，その充実のために努力してもらいたいものである。

イ．盲・聾・養護学校の場合

　盲・聾・養護学校においては，従来から一人一人の児童生徒のニーズに着目した教育的支援を中心課題に据えてきたわけであるが，それは学校教育の範疇に限定されたものが中心で，学校以外の機関や組織等との連携は必ずしも十分ではなかった。こうした反省の上に立って，現在当該学校以外の機関や組織等から受けている支援をはじめ，今後受けることが期待される点も含めて，特別支援教育下ではトータルに支援の在り方を考えていこうというのである。

　このようにトータルな形で一人一人の教育的支援の課題に取り組む場合，最初に取り組む切り口は，学校の実態によって様々に考えられるのではないかと思われる。したがって，一番有効な切り口を断定的に述べることはできないが，少なくとも保護者との連携を最も大切な側面として視野に入れる必要があるのではなかろうか。

　例えば，A児は地域のM福祉施設とどのようなかかわりをもっているのか，1週間に何度通っているのか，親が困った時にはショートステイが頼めるのか，どの医療機関の何という医師にかかっていて，どんな医療的ケアを受けているのか，どんな薬を飲んでいるのか，どんな専門機関（例えば，N大学やL研究所等）で児童の相談に乗ってもらっているのか等を，保護者と十分に話し合っ

て把握するとともに，それらの機関等と，学校がどれほどの連携が取れるか，あるいは取っても差し障りがないか等のコンセンサスを構築することが大切である。単にどんな機関とかかわりをもっているかを保護者から聞くのみではなく，どの程度の連携を取る必要があるか，連携を取ることによって児童の成長や教育にどのように役立つのか，資料をやりとりする際のプライバシーの保護の観点も含めて，保護者の合意がどの程度とれるのか，時間をかけて話し合うことが重要であろう。また，保護者との話し合いの機会に，学校においてどのような教育をしてほしいのか，将来の進路や社会生活にどのような希望をもっているのか等についても話題にし，それらを個別の教育支援計画の資料にするのも大切であろう。児童生徒が自分の意思をはっきりと示せる場合は，将来に対する本人の願いも重要な資料である。

　こうした保護者や本人の願いや希望とともに，学校としてこの児童生徒を，どのように教育しようとしているのか，将来はどのようになってほしいのか等についてもまとめておきたいものである。将来の職業や社会生活を想定する場合は，何年も先のかなり長期的視点の見通しをもつことになるが，あまり長い将来は，具体的イメージがもちにくいので，できるだけ簡潔な記述にとどめ，具体性をもった見通しは，3年程度をめどにするのが適当なのではなかろうか。

　いずれにしても保護者は，一人一人の児童生徒にとってはミニセンター的役割を担っている。我が子に何らかの問題が起これば，総力を挙げて情報を収集し問題解決のために奮闘する。まさに当人にとっては何物にも代えがたいミニセンターである。この保護者と連携して，そこから一人一人のニーズに応じた連携先を見通すというのは，現実対応としてどの学校においても取り組みやすい切り口ではなかろうか。

　もう一つ，現実対応としての切り口を提案しておきたい。それは，学校に比較的関心の深い医療関係者，福祉関係者，労働関係者等の方々に来校してもらって，事例検討会を行うという方法である。これを「特別支援事例検討会議」あるいは「個別の教育支援会議」と称してもいいであろう。例えば，学校医のA医師，福祉施設のT施設長，学校カウンセラーのM氏，障害者を雇用してい

会社のS社長等数名の方々に委員を委嘱して会議を開催する。会議においては，2〜3の児童生徒の事例を報告して，その事例に対していろいろ意見をいただくとともに，これを引き金にして学校教育に対して忌憚のない様々な意見を出してもらうのである。この会議には，できれば事例を提供する児童生徒の保護者にも参加してもらうとよいであろう。こうした会議では，多くの事例を検討することはできないが，いくつかの事例に対して意見交換することによって，また，事例以外の件についても障害者の教育全般に関して意見交換することによって，それぞれの分野の幅広い意見を集約することができるし，学校教育に何が求められているか，どのような形の連携が考えられるか等に関して，多くのヒントを得ることができるに違いない。また，こうした会議を契機として，フェースツーフェースの親しみがわき，連携の輪が広がっていく契機ともなるのである。

(3) 各ライフステージにおける個別の支援計画の構造

さて，教育のみならずどのライフステージにおいて支援を行う場合にも，その支援を効果的で総合的なものにするために，一人一人に対する個別の支援計画が必要になる。ここでは，教育以外の分野における個別の支援計画として，「支援費制度」のもとでの支援計画，介護保険制度のもとでの支援計画について概観してみたい。

障害者福祉や高齢者福祉の分野では，「ケアマネジメント」ということばが頻繁に用いられる。『地域福祉事典』(日本地域福祉学会編，中央法規出版，1997)によると，「ケアマネジメントとは，ケアマネジャーが，クライエントの有するニーズと制度となっているフォーマルなサービス，また，家族，親戚，近隣，ボランティアなどのインフォーマルなサポートを結びつけ，クライエントの在宅生活を継続的に援助していく方法の総体をいう」とある。また，厚生労働省が示した「知的障害者ケアガイドライン」においては，「障害者の地域における生活を支援するために，ケアマネジメントを希望するものの意向を踏まえて，福祉・保健・医療・教育・労働など幅広いニーズと，様々な地域の社会資源の

間に立って，複数のサービスを適切に結びつけて調整を図るとともに，総合的かつ継続的なサービスの供給を確保し，さらに社会資源の改善及び開発を推進する援助方法である」と定義している。このように，ケアマネジメントのとらえ方は一様ではないが，サービス利用者のニーズと地域社会との様々な資源とを結びつける営みという点ではおおかた一致しているようである。このケアマネジメントを行う者を，ケアマネジャーというが，特別支援教育におけるコーディネーターは，まさにケアマネジャーの役割を担う者であり，個別の教育支援計画は，ケアマネジメントに相当するものということができよう。

次にこのケアマネジメントのプロセスは，①本人や保護者等のニーズの把握（assessment），②個別の支援計画の策定（planning），③支援の実施（practice），④実施状況の監査（monitoring），⑤評価・修正（follow-up）というサイクルを形成して行われる。この点も障害児教育におけるアセスメント（支援を開始する前の初期評価）から計画・実施・評価に至る筋道とほぼ同じプロセスをたどっている。

介護保険制度に基づくケアマネジメントは平成12（2000）年度から，障害者の支援費制度に基づくケアマネジメントは平成15（2003）年度からすでに実施されているので，これらの実施の経過や，実施に伴う問題点も徐々に明らかとなってきている。これらの実施の経過や問題点・課題は，障害児教育における個別の教育支援計画を策定して実践する上で，大いに参考となると思われるので，報告書や問題提起をした研究物等に着目されることをお勧めしたい。

（香川邦生）

2．障害児教育を支える個別の教育支援計画の構造

(1) 個別の教育支援計画に関連した用語の整理

個別の教育支援計画の構造に関する本題に入る前に，「個別の支援計画」「個

別の教育支援計画」「個別の移行支援計画」「個別の指導計画」などの様々な用語を整理しておきたい。

　まず，「個別の支援計画」が最も大きな概念である。乳幼児期から，学齢期，学校を卒業して社会人になる移行期，社会人として活躍する時期，高齢期など，人生のすべてのライフステージにおいて，障害者は，その時々の個別の支援計画が必要になる場合が多い。高齢者の介護に関しては平成11（1999）年度から，障害者の支援費制度に関しては平成15（2003）年度から，この個別の支援計画を策定して，トータルな支援を行う体制が整った。しかし，乳幼児期や学齢期に関しては，その体制が未だ十分でなかった。そこで，この個別の支援計画の一環として，小学校から高等学校までの学校教育の時期については，「個別の教育支援計画」を作成し，学校教育のみならず，関連機関や関連する専門家等と連携して，トータルな教育的支援を行う体制を整備することとしたのである。

　次に「個別の移行支援計画」であるが，これは，「個別の教育支援計画」の一部としての役割を担うものである。一般的には，学校を卒業して就職し，職業生活や社会生活を営む時期に，うまく移行していくための支援をどのように行うかを一人一人について策定したものであると考えられている。しかし，それだけにとどまらず，幼稚部（幼稚園・保育所）から小学部（小学校）へ移行する段階，小学部（小学校）から中学部（中学校）へ移行する段階等についても，スムーズな移行を行うための方策を，「個別の移行支援計画」として考えなければならない。

　もう一つ，「個別の指導計画」についても触れておきたい。「個別の指導計画」は，「個別の教育支援計画」とは少し次元の違うものとしてとらえた方が分かりやすいのではないかと思われる。そもそも「個別の指導計画」は，一人一人の児童生徒に対して効果的な指導を行うために，教育課程を具現化したものである。学校には，年間を通した総合的な教育計画が策定されており，これをいわゆる教育課程と称している。この年間を通してどのような教育を行うのかの枠組みを示した教育課程を具現化し，教科や領域ごとに，一人一人に関して具体的な指導目標・内容・方法等を示したものが「個別の指導計画」である。個

別の指導計画に関しては(5)項で詳述するので，ここでは教育支援計画や個別の移行支援計画とは，次元を異にするものであることのみを述べるにとどめておきたい。

(2) 個別の教育支援計画における大切な視点

「個別の教育支援計画」に関しては，「今後の特別支援教育の在り方について」の最終報告の中で，「障害のある子どもを，一生涯にわたって支援する観点から，一人一人のニーズを把握して，関係者・機関の連携による適切な教育的支援を効果的に行うために，教育上の指導や支援を内容とする個別の教育支援計画を策定し，実施し，評価する必要がある」と述べている。この記述から，個別の教育支援計画の作成と実施には，大切な視点が三つあることが浮かび上がる。第一は，児童生徒を生涯にわたって支援する観点から，現在どのような教育的支援が最も大切であるかを浮き彫りにする視点である。第二は，学校教育のみならず，関係者や関係機関と連携して，適切な教育上の支援や指導をトータルに行う体制を整えるという視点である。第三は，単に策定するだけではなく，Plan‐Do‐See，つまり，作成し，実施し，評価し，見直しをして次の段階に進むサイクル構築の視点である。この三つの視点の中で最も注目しなければならないのは，連携の視点である。個々のニーズに応じたトータルな教育的支援を効果的に行うために，学校教育だけでなく，医療・福祉・労働等の関係者及び関係機関との連携によって，個別の教育支援計画が作成され，教育上の指導や支援が行われなければならないという視点は，従来の学校教育の枠組みにはない発想であるが，これこそ，個別の教育支援計画を策定する最も重要な意義なので，この点を銘記しなければならない。

なお，教育効果を高めるための連携といえば，当該学校以外の専門家や専門機関が真っ先に挙げられるが，当該学校の教師間の連携や個々の児童生徒の保護者との連携が，身近で非常に大切な連携相手である点も忘れてはならない。

(3) 個別の教育支援計画と教育課程等との関連

個別の教育支援計画と教育課程等との関係を検討する際、障害児を教育する学校（盲・聾・養護学校）の場合と小・中学校とでは、条件が若干異なるので、ここでは分けて考えることにする。

1）盲・聾・養護学校の場合

ここでは図2－1を参照しながら「個別の教育支援計画」と「教育課程」や「個別の指導計画」等との関連について述べてみたい。

「個別の教育支援計画」においては、2章の1節で連携が大切なキーワードである点を強調するとともに、連携の具体的な在り方についても触れた。また、個別の支援計画は、一人一人のライフステージの各段階における支援を視野に入れたものであるから、1年間よりももっと先の、長期の見通しをもった計画が必要となる。長期とはどの程度の期間を意味するかについては、議論が分かれるところであるが、例えば、小学部1年生の児童については、小学部6年間を見通した、さらには、学校教育全般を見通した長期の視点も考えられる。しかし、一方ではあまりにも遠い先を考えると、具体的なイメージの伴わない計画になるおそれも存在する。したがって、1年以上の長期を見通す場合も、数年先を考えて（3年程度が適当か）、当該児童生徒が在籍する学校での教育の方向を構築するとともに、当該学校以外の関連機関や専門家等とどのような連携を保てば教育的支援が充実するかを検討するのが適当であろう。もちろん、「個別の教育支援計画」においては、長期的な視点のみならず、中期的視点や短期的視点をも加味する必要があることはいうまでもない。

ところで、教育課程は、年間を通した学校の総合的な教育計画を意味するものであるから、それよりももっと先をも見通す「個別の教育支援計画」は、教育課程とはひと味違うものということができよう。

以上のような点を踏まえれば、個別の教育支援計画における長期的視点の目標・内容は、教育課程よりも長いスパンで見通しを立てたものであるから、図2－1に示したように教育課程に反映されなければならない性質のものとなる。

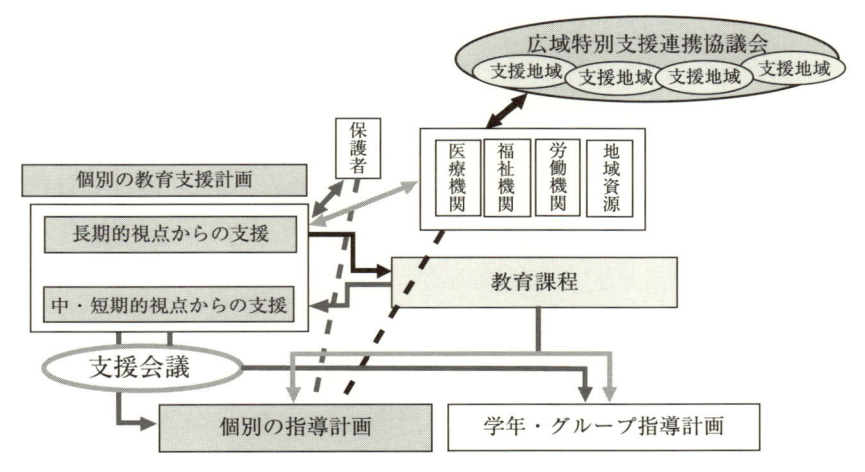

2．障害児教育を支える個別の教育支援計画の構造

図2－1　個別の教育支援計画と教育課程や個別の指導計画との関係

同時に，個別の教育支援計画に短期的な視点の目標・内容が加味される場合，教育課程が個別の教育支援計画に影響を与えることにもなる。このように，個別の教育支援計画と教育課程は，密接不可分な関係にあるととらえることが大切であろう。

　次に，個別の教育支援計画と個別の指導計画との関係について検討してみたい。個別の指導計画は，一人一人の児童生徒の実態に合わせて教科や領域ごとに作成されるもので，教育課程を具現化した指導細案である。したがって，教育課程の下位に位置すると考えられるが，図2－1に示したように個別の教育支援計画とも密接な関連を保って作成されなければならない。

　この個別の指導計画は，学習指導要領の規定では，自立活動領域の指導と重複障害児童生徒の指導において作成されることとなっているが，これにはそれなりの根拠が存在する。その根拠等を含めた個別の指導計画に関する詳細は，(5)項で述べることとする。

　次に「連携」という視点を，「個別の教育支援計画」においてどのようにとらえて具体化したらいいかについて触れてみたい。児童生徒の成長の促進や教育的ニーズに対応するための具体的な連携先は，医療機関，福祉機関，労働機

2章　個別の教育支援計画の構造

関, あるいは地域の様々な資源であり, また関係する専門家である。今は活用していなくても, 将来の可能性も視野に入れてこの連携先は検討すべきであろう。また, 子どもの居住地の小・中・高等学校との交流, いわゆる居住地交流も視野に入れなければならない。

「今後の特別支援教育の在り方について」の最終報告においては,「広域特別支援連携協議会」なるものを各都道府県に設置して, 教育・医療・福祉・労働等の関係者が構成員となり, 一人一人のニーズに応じた総合的な支援を行うための諸問題の検討を行う機会を設けることが提言されている。さらに, この「広域特別支援連携協議会」のもとに「支援地域」をきめ細かく設定して, この支援地域ごとに関連諸機関や専門家が連携して, 一人一人の発達の促進や教育的ニーズに対応していこうという構想である。大変素晴らしい構想であり, 各都道府県はその構築に向けて努力している。これがうまく機能すればかなりの成果を期待することができるに違いない。しかし, こうしたトップダウン式のシステムだけでは, 連携がうまく機能するかどうか大きな疑問である。こうしたシステムがうまく機能するためには, ボトムアップ的なフェースツーフェースの具体的な積み上げがいつの時代にも大切なのではなかろうか。いずれにしても現段階においては, 連携のシステムそのものが構築途上にあるので, ボトムアップの手法で, 各学校ごとに様々な関係機関等と連携を取り, 個別の教育支援計画を策定する方途を検討せざるを得ない状況にあるといえよう。

こうした状況下においては, まず, 保護者とどのように連携するかが重要な視点になるのではあるまいか。具体的にどのような連携を取るかについては, 2章1節(2)項3）のイで詳述したので参考にされたい。教育を進める上で, 保護者とのパートナーシップの確立が大切なことを銘記すべきであろう。

また, こうした保護者との話し合いの機会に, 学校においてどのような教育をしてほしいのか, 我が子の将来の進路や社会生活にどのような希望をもっているのか等についても話題にすることが大切である。

個別の教育支援計画は, 学校における教育的支援と学校以外の地域の様々なリソースを活用した支援を車の両輪として, 児童生徒の望ましい成長・発達を

トータルに保障しようとするものである。それとともに，学校教育を一人一人のライフステージの中に位置づけて，将来をも見通した支援体制の一環にしようというものでもある。この基本的な視点を理解して，個別の教育支援計画と教育課程等との関連を考えていくことが大切であろう。

盲・聾・養護学校における個別の教育支援計画は，以上述べたような構造をもっており，特に，個別の教育支援計画と個別の指導計画とは，次元を異にするものであることが図によっても明らかである。しかしながら，個別の指導計画の作成とそれに基づく実践がすでに定着し，個別の教育支援計画の性格をも包含しつつ実績を上げている学校においては，これまで積み上げてきたこれらの実績を踏まえて，個別の教育支援計画と個別の指導計画との融合を図る取り組みも考えられる。その場合は，ライフステージを視野に入れた将来への継続的取り組みの視点や専門機関・専門家等の地域資源を活用したトータルな支援の視点などが，どの程度盛り込まれているかを点検し，個別の教育支援計画の本質が生かされるように努めることを忘れてはならない。

2）小・中学校の場合

小学校や中学校における個別の教育支援計画と教育課程との関係は，特殊学級に在籍して指導を受けている児童生徒や通級による指導を受けている児童生徒を想定する場合と，現状において通常の学級でのみ指導を受けている児童生徒を想定する場合とでは，その構造がかなり異なる。ここでは現状において通常の学級でのみ指導を受けている児童生徒を想定して，図2－2に構造図のモデルを示した。以下に若干の説明を加えてみたい。

教育課程と個別の教育支援計画との関係は，盲・聾・養護学校の構造での説明とほぼ同じであると考えて差し支えないであろう。

まず児童生徒がどのような特別な教育的ニーズを有しているかの検討から論を進めてみたい。この検討に要するデータはまず担任から発せられ，これを受けた特別支援教育コーディネーターは，校内の複数の教員のデータや保護者のデータを加味して，支援会議を開催することになる。この場合，専門家の判断や意見は必要に応じて要請することになるであろう。

2章　個別の教育支援計画の構造

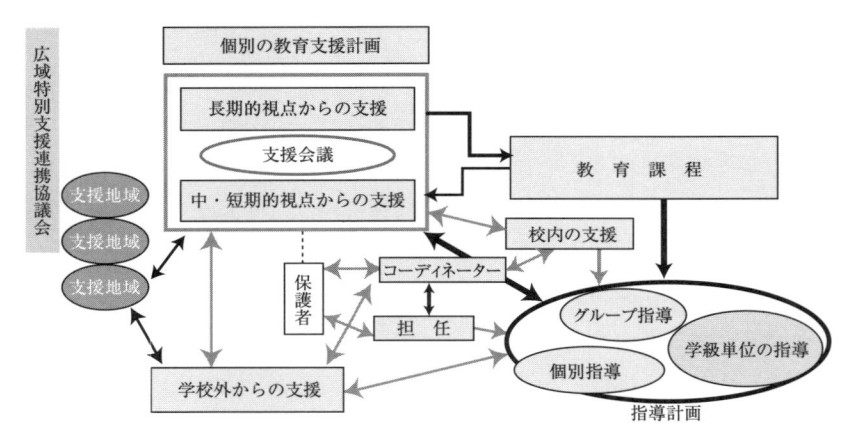

図2-2　個別の教育支援計画と教育課程や指導計画との関係

　支援会議においては，一人一人の特別な教育的ニーズが検討され，そのニーズに応じた支援を行うには，どういう体制が必要かが議論される。担任が今まで以上に留意して指導を行うことで解決する部分もあるであろうし，校内の支援体制を整え，少人数グループ指導や個別指導で対応することによって解決が望まれる部分もあるであろう。しかし，校内の体制整備のみではうまくいかないと判断された場合は，当該学校以外の特殊教育諸学校や専門機関，あるいは専門家の協力を得て，個別指導等にどう取り組むかが検討される。個別指導においては，本来当該学校の教育課程では想定していない目標・内容の指導も加味しなければならない場合もしばしば考えられるであろう。なお，個別の指導などには，今後ボランティアの協力も考えられるのではあるまいか。

　さて，個別の教育支援計画に関する検討を行ったり，具体的な実践を行ったりする場合，常に保護者を教育上のパートナーとして位置づけることが大切である。また，行動上の様々な問題を有する児童生徒の教育的支援においては，専門機関や専門家の支援はもとより，地域社会とのかかわりを大切にした取り組みにも心掛けることを忘れてはならない。

　小・中学校の通常の学級に在籍している児童生徒を想定して学校における教育計画の全体構造をみてきたが，特殊学級に在籍している児童生徒や通級によ

る指導を受けている児童生徒の場合，ここで示した構造に若干のアレンジを必要とするので，留意していただきたい。

　また，個別の教育支援計画と個別の指導計画とは，次元を異にするものであることが図2－1，図2－2によっても明らかであるが，個別の指導計画の作成とそれに基づく実践によって，個別の教育支援計画の性格をも包含できると判断される場合は，両者の融合を図る取り組みも考えられる。その場合は，ライフステージを視野に入れた将来への継続的取り組みの視点や専門機関・専門家等の地域資源を活用したトータルな支援の視点などが，どの程度大切にされているかを点検し，個別の教育支援計画の本質が生かされるように努めなければならない。

(4)　個別の教育支援計画における計画・実施・評価のサイクル

　あらゆる「計画」には，「作成(Plan)－実施(Do)－評価(See)」のプロセスとそのサイクルが重要であるが，個別の教育支援計画も例外ではない。特に，個別の教育支援計画は，長期的展望のもとに作成されることが期待されているが，あまり先の目標や見通しを立てると，夢物語に終わってしまうので，3年程度を長期のスパンとして具体的な見通しを立て，その長期的見通しの目標や内容を，ある期間を決めて繰り返して評価し修正していく作業が非常に重要になってくる。また，こうした「Plan‐Do‐See」は，日々の実践に基づいて，気づいたときに柔軟に変更するなどの対応が求められる側面も存在する。

　日々の実践を行いながら柔軟に対応していく場合も，ある期間を決めて評価し修正していく場合も，一人の教員が恣意的にこれを行うことは慎まなければならない。各学校で「Plan‐Do‐See」にどのように対応していくかを検討し，例えば，教員のみで組織する「校内委員会」や校外の関係者も含めた「評価委員会」等を組織するなど，これに取り組むシステムを構築することが大切である。とはいえ，実践を通した日々の見直しは，スピーディーに行われることができるような工夫もほしいものである。例えば，中心となる人（コーディネーターや担任，保護者等）が関係機関や関係者から情報を収集してスピーディー

に対応していく必要のある項目，会議を通して見直しを行うことが望まれる項目等と，あらかじめ対応にいくつかのランクを設けておくのも一つの方法であろう。また，どのような場合においても，保護者との連携を忘れてはならない。

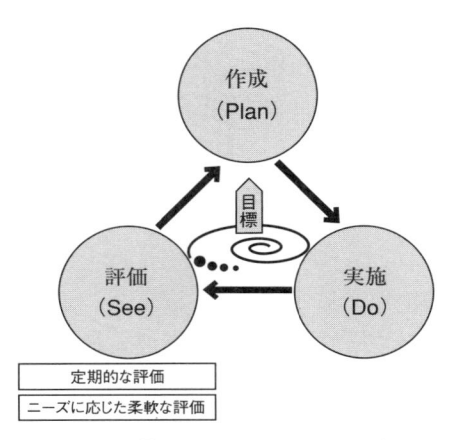

図 2 - 3 「Plan - Do - See」のサイクル

(5) 個別の指導計画の構造

前述したように，特殊教育諸学校の学習指導要領においては，重複障害者の指導計画と自立活動の指導計画に関して，個別の指導計画作成が規定されている。なぜ，この二者についてのみ規定されているのであろうか。まず，はじめにこの点に言及しておきたい。

盲学校小学部第2学年の児童が学年相当の教科学習を行う場合を想定すると，小学校の学習指導要領にこの児童が学習する教科の目標・内容が明記されており，それに基づいて作成された教科書（点字教科書を含む）がある。このように年間を通して何を指導する必要があるかの枠組みが存在するので，個別の指導計画を綿密に作成する必要はない。下学年適用の教育課程で対応する場合も，該当学年の学習指導要領に枠組みが示されているから同様である。一方，重複障害児の場合は，学習指導要領に目標・内容に関する具体的な記載は見当たらない。適切な指導計画を作成して対応することが記載されているのみである。

2．障害児教育を支える個別の教育支援計画の構造

しかも，同学年に３人の重複障害児がいる場合も，それぞれの児童生徒の発達や障害の状態は，非常に大きく異なるので，学級としてまとまった指導計画を作成してもあまり意味がない。このため，個々に詳細な指導計画を立てることになる。これがまさに「個別の指導計画」である。自立活動も同様で，学習指導要領には，目標・内容の枠組みが記載されているのみで，具体的にどのような指導をする必要があるかについては書かれていないし，教科書も存在しない。このため，児童生徒一人一人の実態を見極めて，どのような指導が必要なのかという具体的な目標や内容を設定せざるを得ない。すなわち，個別の指導計画を作成しないと効果的な指導ができないのである。

もちろん，各教科において，学年・学級ごとに指導計画を作成する場合も，個別の指導計画を作成してはいけないとか，作成しない方がよいということではない。例えば，小学部２年生の算数において，加減の計算力が不安定な児童がいるとすると，「簡単な加減算なら確実にできるようにする」などと１，２の重点目標を記すことは非常に重要である。それさえ書けば，後は大枠があるので，あまり細かい記述は必要ないのではなかろうか。

さて次に，個別の指導計画の作成において大切にしなければならない点を，いくつかの観点から述べてみたい。

まず第一は，チームアプローチが大切だという点である。これまでは，学級担任が一人で個別の指導計画を作成していた場合が多いのではなかろうか。例えば，中学部２年生のＡ男の自立活動の指導計画を考える場合，年間五ないし六つの指導目標・内容が設定されるであろうが，その中から重点的に指導したいものを一つ二つ選んで，それについては詳細な個別の指導計画を作成して実践するという方針を立てる。その際，数人の教師で共同して指導計画を立案し，評価も共にする。このように重点的なものに絞り込んでもよいから，チームアプローチがぜひ必要である。

また，例えば小学部４年のＢ女について話し合う場合，中学部や高等部の少し異質な教師も一人加わってもらうとよい。いつも顔を付き合わせている教師集団に不足しがちな緊張感を補うためである。元来，学校では一人一人の教

2章　個別の教育支援計画の構造

師を専門家として認め合い，一人の教師の立てたプランに対してあまり批判しない雰囲気がある。そこで，はじめからプランを立てて会議に臨むより，ざっくばらんな話し合いから入ることが必要だと思われる。

個別の指導計画作成に関して，保護者にははじめからすべてかかわってもらうのが最もよいが，それが実際的でない場合は，児童生徒の教育に関する願いや希望等を，教師と保護者で話し合い，共に考える場がほしい。

第二は，アセスメントは重要であるが，あまり過大視すべきではないという点である。アセスメントで得られたデータは大切であるが，綿密なアセスメントを行うためには膨大な時間を必要とする。指導即実態把握の深化であるから，指導を通して実態把握を深化させ，次のステップの指導に役立てていくというサイクルを大切にしたいものである。

第三は，形式よりも実質を重視しなければならないという点である。個別の指導計画は，作成する過程の検討に意義がないわけではないが，最も重要な意義は，教育にどのように役立てるかである。したがって，日々の実践が効果的に行われることを最優先して作成されなければならない。

第四は，最初に作成した計画を最後までそのまま実施するのではなく，日々変化したり違った側面を見せる児童生徒の状況を見極め，柔軟に対応することが大切だという点である。

個別の指導計画のサイクルは，図2－4に示すように，実態把握→重点目標の設定→目標達成のための内容の選定→指導方法の策定→指導形態の決定→指導細案の作成→実践→評価の一連のプロセスからなるが，このプロセスの中で，診断的評価・形成的評価・総括的評価の三つの評価が行われる。診断的評価はアセスメントとも呼ばれ，指導を開始する際の「実態把握」が通常これに当たる。実践を通した日々の評価は，形成的評価である。この形成的評価をしっかり行い，最初の実態把握が十分でなかった場合や指導計画に問題が生じた場合は，最初の計画を柔軟に変更していく姿勢が求められる。極端な場合は，最初の計画を全く変更することがあってもよいのではなかろうか。いずれにしろ，柔軟に対応していく視点が大切である。

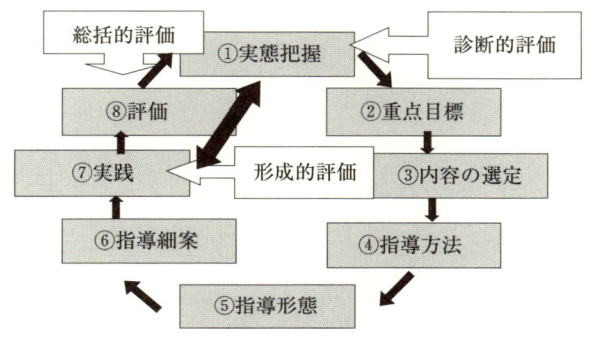

2．障害児教育を支える個別の教育支援計画の構造

図2-4　個別の指導計画のサイクル

　最後にもう一つ，別の視点から個別の指導計画作成の課題を述べてみたい。ある調査によると，個別の指導計画に盛り込まれた短期目標の設定が大変甘いという報告が行われている。目標設定は評価に直結し，目標が甘いと評価が十分にできないきらいがある。もちろん，教育とは教師が夢をもちながら児童生徒に接する営みであるから，誰が見てもきちんと評価できる目標に絞り込むのは難しいし，児童生徒の全人格的な発達をうながすため，心を揺さぶり，心に働きかける要素は大切である。しかし，感覚的であったり恣意的であったりする短期的な指導目標はできるだけ避けなければならない。どの教師が見ても，親が見ても，「目標が達成できた」ということが分かるような目標も大切である。理想的な目標は，児童生徒が少々努力すればできそうなものがよい。「甘い」というのは，具体的には，短期目標として「友達と仲よくできる」などである。「仲よくできる」とは，「隣の子どもとニコニコして挨拶ができる」のか，「仲のよい子ども数人と仲よくできる」のか，「大勢の仲間と仲よくできる」のか，様々なレベルがある。これでは，目標を達成できたのか，できなかったのか，どちらにでも評価できる。他の例として，「一人でご飯を食べる」という目標がある。これも，「こぼさずに食べる」のか，「こぼしてもよいから手づかみで食べる」のか分からないし，箸で食べるのか，フォークを用いるのかも定かでない。何ができていて，何ができないのか。そのできない部分をどのように指導したいのかが明確に分かるような目標に絞り込む作業が大切なのではな

47

2章　個別の教育支援計画の構造

かろうか。

特に，重複の子どもについては，ある部分はよく発達し，ある部分は遅れているというように，いびつな発達をしている場合がある。遅れている部分に視点を当てるより，発達している部分に視点を当てる方がよい場合もある。どこに視点を当てるかは，なかなか難しい問題である。だからこそ，一人の教師で目標を立てるのではなく，様々な人たちが様々な視点から一人の児童生徒を見て，重点目標を設定した方がよい。フリーディスカッションから始めるのがよい。すべての関係教員が一人の児童生徒に対してどんな指導が必要かを箇条書きで書き，それらをＫＪ法で分析し，その分析結果をもとに話し合って目標を立てるという実践を行っている学校もみられる。

目標に関してもう一つ大切なのは，短期目標と長期目標との関係の明確化である。

連動のさせ方には図2－5に示すように3通りある。第一は，「短期発展型」である。発達的な側面から短期目標を立てて，これができたら次はこれというように，長期目標はその連続した発達の流れとして設定されるものである。第二は，「短期組み合わせ型」である。一つ一つの短期目標間にはそれほど関係がなくても，短期目標をたくさん組み合わせると長期目標につながるというものである。第三は，先に示した二者の「混合型」である。いずれにせよ，短期目標からどのように長期目標に発展させるのか，その筋道を考えておく必要がある。

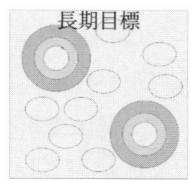

図2－5　短期目標と長期目標との関係

(6) 全体的留意事項

「個別の指導計画」にせよ「個別の教育支援計画」にせよ，大切にしなければならない留意点がいくつか存在する。その中で特筆すべき点を，以下に三つ挙げておきたい。

第一は，当該学校以外の様々な専門機関や専門家等と連携をする場合や，教師間で連携する場合に，データを共有するための工夫をしなければならない点である。小学部から中学部に進む場合に，データをうまく引き継いでいくための工夫はその例である。外部との連携においても，共通のデータがないと話がうまくかみ合わない。どの程度のデータをどのように共有するのか，検討しなければならない課題である。

第二は，データの共有には共通の言語を用いること，分かりやすく書くこと等が大切な点である。学校の教員にしか分からない専門用語ではなく，保護者も，福祉や労働関係者も，読めば分かるような共通の言葉で分かりやすく簡潔にデータを整理すべきである。例えば，「個別の指導計画」と「個別の教育支援計画」はどう違うのかなどは，外部の人には理解しにくい。このような，学校独自で決めるような用語は，分かりやすく解説するか，他の用語に置き換えるなどの工夫が必要であろう。また，簡潔で分かりやすい文章で，目標・内容を記述する必要がある。外部に出すデータは簡潔に要領よくまとめ，手元にもっと詳しい資料をもっておくというのも一つの方法であろう。

第三は，当然ながら，プライバシーへの配慮である。どこまでのデータを共有するのか，その時にプライバシーをどのように保護していくのかということは，非常に大切な視点になる。保護者の了解を必ず得るとともに，この場合にはこうするというルールを作っておかなければならない。

なお，個別の教育支援計画にしろ個別の指導計画にしろ，あまり膨大なことを考えずに，役に立つものを作ろうとする視点が一番大切なのではあるまいか。

（香川邦生・澤田真弓）

2章　個別の教育支援計画の構造

〈文献〉

北海道立特殊教育センター（2001）「個別の指導計画」

特別支援教育の在り方に関する調査研究協力者会議（2003）「今後の特別支援教育の在り方について（最終報告）」

中央教育審議会（2004）「特別支援教育を推進するための制度の在り方について（中間報告）」

東京コーディネーター研究会（2004）『高機能自閉症，ＡＤＨＤ，ＬＤの支援と指導計画』ジアース教育新社

東京都知的障害養護学校就業促進研究協議会（2003）『個別移行支援計画Ｑ＆Ａ基礎編』ジアース教育新社

植田章他（2002）『個別支援計画をつくる——利用計画制度と障害者ケアマネジメント』かもがわ出版

全国特殊学校長会（2004）『盲・聾・養護学校における個別の教育支援計画について（中間まとめ）』ジアース教育新社

全国特殊学校長会（2002）『障害児・者の社会参加をすすめる個別移行支援計画』ジアース教育新社

全国特殊学級設置学校長協会（2003）『小学校における特別支援教育の体制づくり』日本文教出版

3章 軽度の障害児に対する個別の教育支援計画

1．通常の小・中学校における特別な教育的ニーズのある子ども

(1) 特別支援教育における支援対象児の拡大

　小・中学校の通常の学級において，LD，ADHD，高機能自閉症等（以下，軽度発達障害という）が存在することが公に認識され始めたのは，平成2（1990）年からスタートした通級指導に関する調査研究協力者会議の審議からである。この調査研究協力者会議は「通級による指導に関する充実方策について（審議のまとめ）」（通級学級に関する調査研究協力者会議，1992）の報告を行っている。この報告によって通級による指導の重要性とともに，学習障害への関心も呼びおこすこととなった。

　平成5（1993）年には，通級による指導が制度化されたが，学習障害に関しては，それまでに専門家の意見が一致せず，平成4（1992）年から新たに「学習障害およびこれに類似する学習上の困難を有する児童生徒の指導方法に関する調査研究協力者会議」が招集され，引き続き検討されることとなった。この調査研究協力者会議は，平成7（1995）年に中間報告を，平成11（1999）年に「学習障害児等に対する指導について」及び「学習障害の判定・実態把握基準（試案）」を最終報告としてまとめた。この最終報告において，「学習障害とは，基本的には全般的な知的発達に遅れはないが，聞く，話す，読む，書く，計算する又は推論する能力のうち特定のものの習得と使用に著しい困難を示す様々な状態を示すものである。学習障害とは，その原因として，中枢神経系になんらかの機能障害があると推定されるが，視覚障害，聴覚障害，知的障害，情緒

障害などの障害や，環境的な要因が直接的な原因となるものではない」と定義している。

そして，このような児童生徒は，①国語又は算数（数学）の基礎的能力に著しい遅れがあること，②全般的な知的発達の遅れではないこと，③他の障害や環境的な要因が直接の原因ではないこと等によって発見されると記されている。さらに，①については，具体的には，小学校2，3年生で1学年以上の遅れ，小学校4年生以上又は中学生で2学年以上の遅れとなっており，②については，国語，算数（数学），理科，社会，生活，外国語の教科の評価において，学年相当の能力を示すものが一つ以上あることが確認されるとしている。また③については，児童生徒の記録を検討して，学習困難の理由が他の重大な要因ではないことを確認することが必要であると述べている。ただし，他の障害や環境的な要因による場合であっても，学習障害の判断基準に重複して該当する場合もあることには留意しなければならない。

その後，「21世紀の特殊教育の在り方について（最終報告）」（21世紀の特殊教育の在り方に関する調査研究協力者会議，2001）の3章においては，学習障害だけではなく，通常の学級に在籍するいわゆる軽度発達障害児について，「学習障害（LD）児，注意欠陥／多動性障害（ADHD）児，高機能自閉症児等への教育的対応」という項目が立てられ，それを充実させるために，それらの児童生徒の実態把握を行い，判断基準や指導方法を確立する必要があることが示された。これを受けて平成14（2002）年2～3月に行われた「通常の学級に在籍する特別な教育的支援を必要とする児童生徒に関する全国実態調査」（特別支援教育の在り方に関する調査研究協力者会議，2003）では，知的発達に遅れはないものの学習面に著しい困難を示す児童生徒が4.5％，行動面で著しい困難を示す児童生徒が2.9％，学習面と行動面の両者に著しい困難を示す児童生徒が1.2％，そして，学習面か行動面かで著しい困難を示す児童生徒の全体は6.3％であることを報告した。また，この中には対人関係やこだわり等の問題を著しく示す児童もいることが示された。この調査は担任教師の日頃の観察による回答をもとにしたものであり，LD等の専門家チームや医師による診断ではな

いが，少なくとも通常の学級の中にLD，ADHD，高機能自閉症などのいわゆる軽度発達障害児が相当数存在するということを示したものとなった。

そして，「今後の特別支援教育の在り方について（最終報告）」において，特別支援教育という枠組みの中で，これら軽度発達障害児に対しても，一人一人の教育的ニーズを把握し，適切な対応を図ることの必要性が提言された。

LD（学習障害）の定義については前述したが，ADHD（注意欠陥／多動性障害），高機能自閉症についても，上記最終報告において以下のような定義が示されている。

ADHD（注意欠陥/多動性障害）：「ADHDとは，年齢あるいは発達に不釣り合いな注意力，及び/又は衝動性，多動性を特徴とする行動の障害で，社会的な活動や学業の機能に支障をきたすものである。また，7歳以前に現れ，その状態が継続し，中枢神経系に何らかの要因による機能不全があると推定される」

高機能自閉症：「高機能自閉症とは，3歳位までに現れ，他人との社会的関係の形成の困難さ，言葉の発達の遅れ，興味や関心が狭く特定のものにこだわることを特徴とする行動の障害である自閉症のうち，知的発達の遅れを伴わないものをいう。また，中枢神経系に何らかの要因による機能不全があると推定される」

なお，これらの詳細な判定基準は，DSM-Ⅳ（アメリカ精神医学会が定めた「精神疾患の分類と診断の手引」の最新版）（APA，1994）に準じている。

ところで，6.3％とは1学級40人の児童生徒のうち2～3人であり，各学年100名で全体の児童数が600名の小学校の場合は約40名弱を数えるほど大きな数字である。それにもかかわらず，これまで我々は，特別な教育的ニーズのあるこれらの多くの児童生徒に対して十分なサービスを提供してこなかった。このことについては，認識を新たにし，深く反省しなければならない。特殊教育から特別支援教育に移行することによって，これまで特別な教育的支援の対象となっていなかったこれらの児童生徒も，それぞれのニーズに応じた支援が受けられるようになっていくことは大きな変革であるといえよう。

これまで，我が国における特殊教育は，障害種別に盲・聾・養護学校や特殊学級などの特別な場において行われ，基本的には小・中学校の通常の学級では行われてこなかった。もちろん軽度発達障害の児童生徒の中には，これまでも通常の学級の中で担任から特別な配慮を受けたり，通級による指導の対象となったりしていた者も存在した。しかしそれらは，6.3%というような大きな数ではなかった。軽度発達障害児の多くは，「単に怠けている子」「大変な子」「変わった子」と見られるだけで，教師をはじめ周囲の十分な理解を得ることができなかったのである。児童生徒だけではなく保護者に対しても，「親の育て方が悪い」「親が甘やかしているから」「叱ってばかりいるから」などと安易に言われることも多かった。通級指導教室の制度が充実している小学校においても，通常の教育以外何も支援を受けてこなかった児童がいるが，中学校においては通級指導教室が少ない上に，教科担任制の中で教師の認識不足もあって，通常の学級の「単なる落ちこぼれの生徒」「不登校や引きこもりの生徒」と見なされる場合が多かった。つまり，その生徒がもっている本来の特性をありのままに見るのではなく，前面に現れている二次的情緒障害を根本の問題のようにとらえられてしまう場合が多かったのである。こうした状況の中で，軽度発達障害児が不登校や引きこもりなどの教育相談上の問題を呈する場合も多いという報告が以前から見られたのである（星野ら，1993；星野・栗田，1995；齊藤，1997；田中・毛利，1995）。このような事実も踏まえて「今後の不登校への対応の在り方について（報告）」（不登校問題に関する調査研究協力者会議，2003）では，「ＬＤ，ＡＤＨＤ等の児童生徒にも，周囲との対人関係がうまく構築されない，学習のつまずきが克服できないといった状況が進み，不登校に陥ることがある」と指摘されるに至った。彼らは教育相談の対象となり，中学校では，すでに平成7（1995）年から導入が始まったスクールカウンセラーがかかわることもあったであろう。しかし，特別支援教育がクローズアップされるまでは，臨床心理士や学校心理士の資格をもったスクールカウンセラーでさえも，軽度発達障害のことを理解した上で生徒に対応した者は必ずしも多くなかったのではないかと思われる。このように，彼らの本来の特性に対応した教育的支援や指導が受け

られずに中学校生活を余儀なくされた生徒は，小学校時代よりも大変つらい3年間を送らなければならない状況にあったといえよう。

　また，誤解は児童生徒や保護者のみに向けられるものではなく，軽度発達障害児を担任する教師にも向けられることがあった。ＡＤＨＤの児童生徒が学級にいる場合，教室からの飛び出しや他児への暴力・ちょっかいを防ぐことに教師は精一杯で，授業がなかなか行えないような状態があるのに，学級経営ができないのは担任教師の指導力不足だと見なされたりもした。これらの児童生徒が発見され，彼らに対して特別な教育的支援が行われることは，児童生徒本人にとっても，保護者にとっても，教師にとっても，また，まわりにいる児童生徒にとっても落ち着いた教育的環境を提供することになるのである。

　「今後の特別支援教育の在り方について（最終報告）」が出た直後，平成15（2003）年度から「特別支援教育推進体制モデル事業」が文部科学省の施策として始まり，また，「小・中学校におけるＬＤ（学習障害），ＡＤＨＤ（注意欠陥／多動性障害），高機能自閉症の児童生徒への教育支援体制の整備のためのガイドライン（試案）」（以下，「ガイドライン」，文部科学省初等中等教育局特別支援教育課，2004）が公表されるなど，軽度発達障害児の教育的支援のための国の施策は，非常に速い速度で整備が行われている。

　以上，ＬＤ（学習障害），ＡＤＨＤ（注意欠陥／多動性障害），高機能自閉症といった軽度発達障害児を想定して論を進めてきた。ところで，小学校や中学校において実際に学習面や行動面で問題のある児童生徒の教育的支援を行う場合，障害に関する医学的診断の確定にこだわらず，その教育的ニーズが優先されなければならない。この点に関して，「特別支援教育を推進するための制度の在り方について（中間報告）」（中央教育審議会，2004）において触れているので，参考までに示してみたい。

> 「また，ＬＤ・ＡＤＨＤ・高機能自閉症等の状態を示す児童生徒等が，いじめの対象となったり不登校になる場合があり，それが二次的障害を引き起こしているとの指摘もあることから，特別支援教育の推進により，いじめや不登校を未然に防止する効果も期待される。さらに，これらの児童生徒については，障害に関す

る医学的診断の確定にこだわらず,常に教育的ニーズを把握しこれに対応した指導等を行う必要があるが,こうした考え方が学校全体に浸透することにより,障害の有無にかかわらず,当該学校における児童生徒等の確かな学力の向上や豊かな心の育成にも資するものといえる。こうしたことから,特別支援教育の理念と基本的な考え方が普及・定着することは,現在の学校教育が抱えている様々な課題の解決や改革に大いに資すると考えられることなどから,積極的な意味を有するものである」

このように,障害の有無にかかわらず,児童生徒の特別な教育的ニーズに対応した支援を行うという姿勢は,今後の学校教育において非常に大切な視点である。特別支援教育の充実が,この点に切り込んでいき,小・中学校の教育改革に一石を投じることを期待したい。

(2) 軽度発達障害児以外で支援を要する児童生徒

前述した軽度発達障害児以外にも,通常の学級の中には特別な教育的支援を必要とする様々な児童生徒が存在する。

例えば,軽度の知的障害児が通常の学級にいる場合もある。また実際には,知的能力が平均範囲以上にある弱視児や難聴児,肢体不自由児などもいる。弱視児や難聴児は,見える仲間としてあるいは聞こえる仲間としての処遇を受けたいという強い願いをもっているため,自分の見えにくさや聞こえにくさを訴えることがほとんどない。このため,個別的で特別な支援を必要としていながら,目立たないために,それらの特別なニーズに担任も気づかないことが少なくないのである。こうした目立たない障害児にも視点を当てた特別支援教育が行われることを期待したい。

また,「障害のある児童生徒の就学について（通知）」（文科初第291号）にあるように,本来は盲・聾・養護学校の対象となるべき児童生徒であっても,認定就学者として小・中学校の通常の学級に在籍する場合も存在する。今後,このような児童生徒が通常の学級に増える可能性が十分あるので,盲・聾・養護学校からの支援が受けられるように,広域の支援体制を整備し準備しておく必要があるだろう。

2．特別支援教育コーディネーターと支援体制作り

　児童生徒が独自にもつ特別な教育的ニーズに合わせた支援や指導を行えるようにするには，そのための体制を整えなければならない。今後小・中学校においては，通常の学級に在籍する特別な教育的ニーズを有する児童生徒に対応できるように，学校内では校内体制，各地域の教育委員会等においては専門委員会，あるいはLD等の児童生徒に関する専門的な知識をもった巡回相談員等のシステムを整えていかなければならない。

　小・中学校においては，特別支援教育コーディネーターのもと，校内委員会が設置される。特別支援教育コーディネーターについては「今後の特別支援教育の在り方について（最終報告）」において，校内委員会については，「学習障害の判定・実態把握基準（試案）」（学習障害及びこれに類似する学習上の困難を有する児童生徒の指導方法に関する調査研究協力者会議，1999）においてはじめて記述されたものである。これらが軸となり，個別の教育的支援計画，個別の指導計画策定のもと，ティームティーチングや通級による指導などニーズに応じた校内支援がなされていくことが求められている。

　校内支援を円滑に進めるためには，それらの学校を所管する教育委員会において，専門家チームや巡回相談員など学校を応援することのできる体制を作ることが必要である。専門家チームについては，校内委員会と同様に「学習障害の判定・実態把握基準（試案）」においてはじめて記述されたものであり，巡回相談員については，「ガイドライン」において詳しく述べられている。また，専門家チームや巡回相談員以外にも，その地域にある盲・聾・養護学校，公私の療育機関や親の会，NPOなどの支援団体などとも連携協力していく必要がある。

　小・中学校における支援体制のモデルは，「ガイドライン」に示されているとおり，図3-1に示すようになる。この図を参考にして，以下ではその支援体制作りについて，学校内と地域に分けて述べてみたい。

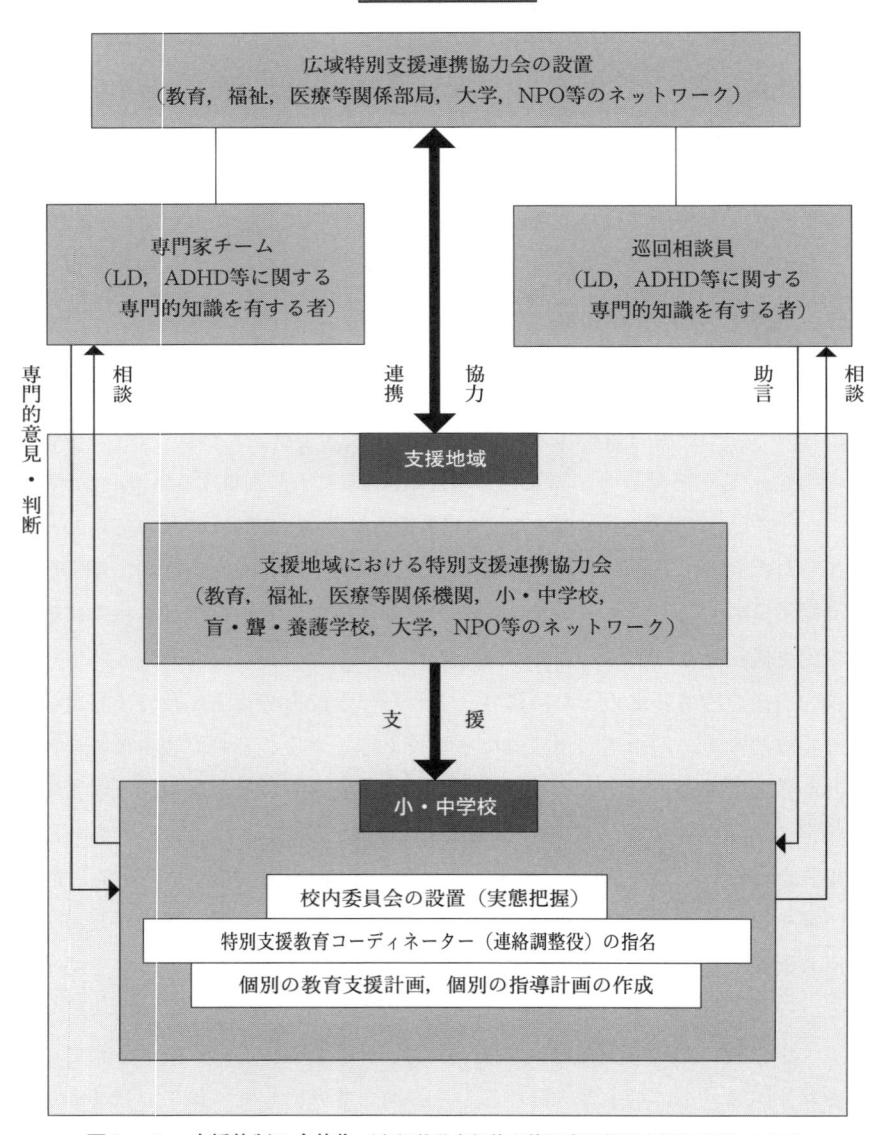

3章　軽度の障害児に対する個別の教育支援計画

```
                    ┌─────────────────┐
                    │    都道府県      │
                    └─────────────────┘
                            │
        ┌───────────────────────────────────────┐
        │      広域特別支援連携協力会の設置        │
        │  (教育, 福祉, 医療等関係部局, 大学,    │
        │         NPO等のネットワーク)           │
        └───────────────────────────────────────┘
                            ↕
   ┌──────────────────┐              ┌──────────────────┐
   │   専門家チーム    │              │    巡回相談員     │
   │ (LD, ADHD等に関する│              │ (LD, ADHD等に関する│
   │ 専門的知識を有する者)│              │ 専門的知識を有する者)│
   └──────────────────┘              └──────────────────┘
    専門  相              連    協              助   相
    的意  談              携    力              言   談
    見・
    判断
                    ┌─────────────────┐
                    │    支援地域      │
                    └─────────────────┘

             ┌───────────────────────────────────┐
             │  支援地域における特別支援連携協力会   │
             │ (教育, 福祉, 医療等関係機関, 小・中学校,│
             │ 盲・聾・養護学校, 大学, NPO等のネットワーク)│
             └───────────────────────────────────┘
                            ↓ 支　援
                    ┌─────────────────┐
                    │    小・中学校     │
                    └─────────────────┘
             ┌───────────────────────────────────┐
             │      校内委員会の設置(実態把握)     │
             ├───────────────────────────────────┤
             │  特別支援教育コーディネーター(連絡調整役)の指名 │
             ├───────────────────────────────────┤
             │  個別の教育支援計画, 個別の指導計画の作成  │
             └───────────────────────────────────┘
```

図3-1　支援体制の全体像（文部科学省初等中等教育局特別支援教育課, 2004）

2．特別支援教育コーディネーターと支援体制作り

　前述したように軽度発達障害児には，不登校などの二次的情緒障害を伴うことが多いことから，図3－1の体制だけではなく，学校内の教育相談体制やスクールカウンセラー，さらには児童生徒指導体制との連携協力も視野に入れる必要があるだろう。

(1)　特別支援教育コーディネーター

　「今後の特別支援教育の在り方について（最終報告）」では，教育的支援を行う人や機関の間に立って，これらを連絡調整するキーパーソンとして特別支援教育コーディネーターを位置づけ，これを盲・聾・養護学校と小・中学校に置くこととしている。これは，特にこれまで特殊学級や通級指導教室のない小・中学校においても，軽度発達障害児等に対する特別支援教育を推進するために重要な役割を担うものである。この特別支援教育コーディネーターとしての役割は，これまで様々な地域や学校ですでに実践されてきている場合も多い。例えば，田中（2004）は，小学校の中での特別支援教育コーディネーターの役割として，①学校の中のシステム作り，②気になる子・手をかけたい子の発見，③担任の理解と適切な対応の促進，の3点をまず取り上げている。また，増田（2004）は，中学校での実践の中で，①生徒指導委員会，教育相談委員会，就学支援委員会の連携組織である校内委員会のまとめ役であり，②いじめや非行など短期的に解決が求められる問題ではなく，発達的な問題が潜んでいると考えられる中・長期的な問題に取り組むスタッフであり，さらには，③スクールカウンセラー，担任との連携役としてのコーディネーター役であると述べている。それぞれの学校に応じて強調される点が異なると思われるが，「ガイドライン」によれば，各学校にいる特別支援教育コーディネーターに求められている役割は以下のとおりである。

1）校内の関係者や関係機関との連絡調整
①　校内委員会の推進役として校内の教職員の連絡調整役を行う。
②　関係機関との連絡調整が必要になった場合の窓口となる。
③　地域の乳幼児健診，発達相談や療育システム，医療機関について情報を収

集し整理しておき，必要に応じて教員や保護者へ情報を伝える。
④　校内の児童生徒についての情報を他機関から収集したり，他機関と情報交換をする場合には，保護者へ説明し理解を求める。
⑤　医療機関や相談機関につなぐ場合には，結果のフィードバックやフォローアップ体制について事前に確認する。
⑥　保護者の理解のもとに，当該児童生徒に以前かかわっていた人からも情報を収集しておく。
⑦　通常の学級の中で特別な教育的支援を必要とする児童生徒に効果的な教育活動を行うためには，障害のある児童生徒の保護者のみならず，障害のない児童生徒の保護者の理解を進める。

2）保護者に対する相談窓口
①　保護者の気持ちを受け止める。
②　保護者とともに対応策を考える。
③　学校における保護者の支援体制を整える。

3）担任への支援
①　担任教師の相談から状況を把握する。
②　担任と共に児童生徒の理解と支援体制を整える。

4）巡回相談や専門家チームとの連携
①　年間を通じて巡回相談員の相談日，相談者の調整を行う。
②　巡回相談員と当該児童生徒の話し合いを行う。
③　専門家チームへの報告資料の準備を行う。
④　専門家チームに判断を依頼することを保護者へ説明する。
⑤　専門家チームの委員会に出席するなどして当該児童生徒の様子を説明したり，情報を得る。
⑥　専門家チームの助言等を個別の教育支援計画や個別の指導計画の作成や改善につなげる。

5）校内委員会での推進役
①　保護者と連絡しながら校内委員会を運営する。

② 校内の特別な教育的ニーズのある子どもたちを把握し，校内委員会のための情報収集を行う。
③ 当該児童生徒の保護者のニーズを把握する。
④ ケース検討会議などを開催し，校内の教員同士の状況の把握を促進する。
⑤ 校内のリソースに関する情報を収集しておく。
⑥ 個別の教育支援計画を作成する中心となる。
⑦ 個別の指導計画の作成に参画する。
⑧ 校内研修会の企画と実施。

　以上のように，特別支援教育コーディネーターは，各学校にいる特別支援教育が必要なすべての児童生徒を把握し，校内委員会や支援チームを動かし，それぞれの児童生徒に対する効果的な個別の教育支援計画を作成したり，他機関との連携の要となったりする人材である。本来ならば，様々な場面での児童生徒の様子をいつでも観察できるように，この役職には担任をもたない教師がなるべきである。しかし，現在，小・中学校の通常の学級を担当する教師たちは，障害児教育を十分理解しているとはいえないことから，通級指導教室や障害児学級の担任がこの役割を担っている場合が多い。小・中学校の通常の学級を担当する教師の中に，ＬＤ，ＡＤＨＤ，高機能自閉症等をはじめとする特別支援教育の対象となる児童生徒に関する知識が浸透していない現状においては，致し方ないとも思われる。しかし，将来的には各都道府県等で行っている「特別支援教育コーディネーター養成」の研修講座などを受講し，特別支援教育の対象となっている児童生徒のことを十分に理解した上で，もっと自由に動いたり，支援チームの人的配置や管理ができる立場の人が，コーディネーターの役割を担うべきであろう。

(2) 校内委員会

　「ガイドライン」では，特別支援教育コーディネーターとともに，小・中学校に次のような役割を担う校内委員会を設けるよう具体的に提言している。
① 学習面や行動面で特別な教育的支援が必要な児童生徒に早期に気づく。

② 特別な教育的支援が必要な児童生徒の実態把握を行い，学級担任の指導への支援方策を具体化する。
③ 保護者や関係機関と連携して個別の教育支援計画を作成する。
④ 校内関係者と連携して個別の指導計画を作成する。
⑤ 特別な教育的支援が必要な児童生徒への指導とその保護者との連携について，全教職員の共通理解を図る。また，そのための校内研修を推進する。
⑥ 専門家チームに判断を求めるかどうかを検討する（ＬＤ，ＡＤＨＤ，高機能自閉症の判断は学校内で行うことができない）。
⑦ 保護者相談の窓口となるとともに，理解推進の中心となる。

校内委員会の構成員としては，校長，教頭，教務主任，生徒指導主事，通級指導教室担当教員，特殊学級担任，養護教諭，対象の児童生徒の学級担任，学年主任等，その他必要に応じて外部の関係者等がかかわることとしている。

この校内委員会は，児童生徒の実態把握ができるとともに，支援体制を構築するために必要な人材で構成することが重要である。すなわち，特別支援教育コーディネーターを中心に，児童生徒の学級担任，軽度発達障害の問題を熟知していて個別指導や小集団指導（読み書きや計算などの学習指導，あるいは社会性のスキルトレーニングなど）ができる教師，さらには養護教諭やスクールカウンセラーなども交えて構成するとよいであろう。しかし，各学校の規模や実情によって構成員は一律には決められない。委員の人数が少ないのも問題ではあるが，大人数でお互いの都合が合わずに委員会が開けず，機能しなくなるのも困るので，あくまで実質的で機能的であることを優先すべきであろう。

(3) 地域の支援体制

小・中学校における軽度発達障害児への教育的支援をサポートしていくためには，地域の支援が大切である。地域の支援の要は専門家チーム及び巡回相談員である。

1）専門家チーム

「ガイドライン」によると，専門家チームは，学校からの申し出に応じて軽

度発達障害のそれぞれの障害があるかどうかの判断をするとともに，対象となる児童生徒への望ましい教育的対応について専門的な意見の提示や助言を行うことを目的として教育委員会に設置されるものである。軽度発達障害ではないと判断されたり，ほかの障害をあわせもつと判断されたりした場合にも，どのような障害あるいは困難さを有する児童生徒であるかを示し，望ましい教育的対応について専門的な意見を述べることが期待されている。したがって，専門家チームの役割としては，次のような点が考えられている。
① LD，ADHD，高機能自閉症か否かの判断
② 児童生徒への望ましい教育的対応についての専門的意見の提示
③ 学校の支援体制についての指導・助言
④ 保護者，本人への説明
⑤ 校内研修への支援

　構成員は，教育委員会職員，特殊学級や通級指導教室の担当教員，通常の学級の担当教員，盲・聾・養護学校の教員，心理学の専門家，医師等である。さらに，必要に応じて，福祉・保健関係者や，対象となる児童生徒が在籍する学校の特別支援教育コーディネーター，保護者等が参加できるシステムにしておくことで，より的確かつ具体的な対応の内容・方法を示すことができると考えられている。

2）巡回相談員

　巡回相談員とは，児童生徒の必要なニーズを把握し，その支援内容と方法を明らかにするために，担任，特別支援教育コーディネーター，保護者など児童生徒の支援を実施する者の相談を受けたり，助言したりする役割を担うものであり，必要に応じて不定期に学校を巡回する相談員のことである。その役割をまとめると，次のようになる。
① 対象となる児童生徒や学校のニーズの把握と指導内容・方法に関する助言
② 校内における支援体制作りへの助言
③ 個別の指導計画の作成への協力
④ 専門家チームと学校の間をつなぐ役割

⑤　校内での実態把握の実施への助言
⑥　授業場面での観察

　これらの役割を担うために，巡回指導員には次のような知識や技能が求められる。
①　特別支援教育に関する知識と技能
②　ＬＤ，ＡＤＨＤ，高機能自閉症など発達障害に関する知識
③　アセスメントの知識と技能
④　教師への支援に関する知識と技能
⑤　他機関との連携に関する知識と技能
⑥　学校や地域の中で可能な支援体制に関する知識
⑦　個人情報の保護に関する知識

3）地域の様々な機関との連携

　小・中学校は，地域の教育委員会だけではなく，親の会やＮＰＯ団体等との連絡・連携も視野に入れなければならない。特に，ＬＤ親の会をはじめ軽度発達障害のある子どもをもつ保護者の活動は活発であり，専門的な知識の学習量は相当なものである。軽度発達障害児を主に受け入れ，専門的な学習指導や社会スキルの指導を行っているＮＰＯ団体などもある。また，軽度発達障害に限らず，通常の学級に在籍する障害のある児童生徒には地域の特別支援学校（盲・聾・養護学校）による支援も視野に入れなければならない。

3．特別な教育的ニーズに応じた個別的支援

(1) 特別な教育的ニーズに応じた教育の機会の確保

　軽度発達障害等の児童生徒やこれまで固定式特殊学級に在籍していた児童生徒に対応するために，今後は小・中学校の特別支援教室を充実させなければならない。これまでは，固定式特殊学級や通級指導教室での指導，あるいは一部

の地域で専門の巡回指導員などを配置した指導等がなされてきたが，今後は特別支援教室において，児童生徒の教育的ニーズに応じて，その学級での対応が長時間必要な場合，短時間の対応でよい場合，あるいはその中間の場合等を想定するなど，いくつかのタイプに分けた対応が必要ではないかと考える。このような選択肢を設けることで，多くの児童生徒が利用できる教育の場を確保することが可能となるためである。

(2) 個別の教育支援計画と移行支援

東京都では，移行支援について，乳幼児期から学齢期への円滑な移行支援を目指す「就学支援計画」，学齢期の子どもの教育を支援する「個別の教育支援計画」（小学校と中学校の学校間や小学部と中学部の学部間の移行資料を兼ねる），学齢期から社会参加期への円滑な移行支援を目指す「個別の移行支援計画」と三つを考えている（東京都教育委員会，2004）。移行期は，これまでいた環境とは大きく異なる環境に身を置かなければならない状況があるわけで，幼児児童生徒にとっては一種のクライシスとも考えられる大切な時期である。学齢期内を考えても，小学校から中学校への移行は大きな環境変化となる。このような時にこそ役立つような個別の教育支援計画であるべきである。

さて，通常の学級にいる障害児の場合，これまで小学校で利用していた通級指導教室が中学校にはないことも多く，苦慮することがあったことも聞く。特別支援教育下においては，特別支援教育コーディネーターがいずれの中学校にも配置されることになるので，個別の教育支援計画に基づき，生徒の教育的支援や指導を的確に行ってほしいものである。そのようなところから，個別の教育支援計画を考えると，小学校から中学校への移行期には，児童の簡単な生育歴，諸検査結果，学業面・生活行動面・社会性の面に関する特徴的なこと，専門家チームの判断，児童がアクセスしている他機関（医療機関，療育機関等）の情報，小学校内でいつからいつまでどのような形態（ティームティーチング，通級，個別の学習指導，小集団指導等）で支援されたか，小学校の担任は誰かなどが記入されるべきであろう。

(3) 個別の指導計画

　個別の教育支援計画とは別に，個々の児童生徒には個別の指導計画を立てる必要がある。この用語は，平成11（1999）年の盲・聾・養護学校学習指導要領の中で使われ，第1章「総則」第7の「指導計画の作成等にあたって配慮すべき事項」において，重複障害者の指導に当たって作成されるもの，また第5章「自立活動」第3「指導計画の作成と内容の取り扱い」において，自立活動の指導の際に作成されるものであると規定された。「ガイドライン」によれば，それだけではなく，小・中学校に在籍する軽度発達障害児童生徒にも，個別の指導計画を作成することが明記されている。また，名称については，地方や地域の教育委員会等によっては，盲・聾・養護学校学習指導要領の個別の指導計画と区別するために，個別指導計画といったりしていることもある（吉澤・熊谷，2005）。

　ところで，個別の指導計画は，児童生徒の知能面，学業面，生活行動面，社会性の面についてのアセスメントを行い，実態把握を的確にした後，支援または指導を行う場面を明確にした上で，長期目標（1年），短期目標（学期ごと）を立て，その目標を実現するための手立てを講じる必要がある。個別の指導計画の書式や書き方については，文部科学省の「ガイドライン」，地域の教育センター，海津（2005）の研究等に雛形がある。それらを参考にして，その学校ごとに教員のコンセンサスの得られる形にしたらよいであろう。ただし，書き込む内容が多すぎて，一人分を書くだけでも大変な手間がかかるようでは，教師の負担が増え，結局は特別な教育的ニーズに対応した実際の支援や指導が疎かになる事態も起こり得るので，この点に対する留意が必要である。どのような立場の人（教師や保護者）にも分かりやすい記述で児童生徒の全体像を簡潔に網羅する必要はあるが，書く分量は調整する必要があるであろう。

1）実態把握

　実態把握の書式は様々に考えられるが，基本的には，諸検査（個別式知能検査，他の教育心理学的検査，学力検査等）結果，学業面，生活行動面，社会性

3．特別な教育的ニーズに応じた個別的支援

の面についての記述が必要であろう。

　軽度発達障害の児童生徒については，諸検査結果は重要な情報である。とりわけ，WISC-Ⅲ，K-ABCなどの個別式知能検査の結果は，全体的な知的水準及び認知能力の偏りを知るために重要である。さらには，PRSのようなスクリーニング検査，ITPAのように言語能力の偏りを把握するための検査や絵画語彙検査などの言語性の検査，DAM（人物画）検査，フロスティッグ視知覚検査，ベンダーゲシュタルト検査などの非言語性の検査などがある。これらは，学校内で測定されたものだけではなく，他機関において測定されたものも記入しておくと測定が二度手間にならなくてもすむ。また，彼らには認知機能のアンバランスが少なからず存在するので，幅広い検査等によってそのアンバランスを把握することが指導の手立てを考える上で重要なのである。

　学業面では，国語，算数・数学，その他の教科と分けて書いたり，それをさらに国語では聞く・話す・読む・書く，算数・数学では計算・図形・文章題などと分けて書くことができると実態を詳細に把握することができるだろう。学習障害のある児童生徒であれば，教科ごとの得意不得意もさることながら，読めても書けない，話せても聞けないなど国語等の教科内での習得のアンバランスもあるので，この点にも留意する必要がある。

　生活行動面では，起床，食事，登校，朝礼，学級活動，午前の授業中，休み時間，昼食時，午後の授業中，掃除，学級活動，部活動，下校，家庭での過ごし方など，一日の生活の流れに沿ってその実態を書き出してみるのも一方法であろう。また，授業中と休み時間の過ごし方・態度，整理整頓，物の使用，癖など大まかな観点について記述するやり方も考えられる。こだわり等がある場合にはそれも記述することが大切である。

　社会性の面については，同級生との友達関係，教師との関係，保護者との関係など，人間関係について記述する。相手に対する特異な言葉遣いをはじめ，コミュニケーションの取り方なども記述するとよいであろう。

2）個別の指導計画

　実態把握に基づいて，指導計画の基本部分の記述が必要である。これも，実

態把握にあるような学業面，生活行動面，社会性の面について，それぞれ長期目標，短期目標が定められ，それらを指導する主な場面や具体的な手立てが記入される。また，指導の結果についての記入欄も設ける必要がある。この指導の結果については，それをどのように評価するのか，その基準をあらかじめ検討しておくと，明確な記述ができるであろう。

また，学業面については，教科別や単元ごとに詳しく記入できるような書式も検討すべきである。

(4) 個別的支援の形態や内容

指導の形態も，様々に工夫する必要がある。一人だけ学習の進度が遅れていたり，教室で立ち歩きがあったりして，一斉授業の中での個別的配慮が難しい場合には，ティームティーチングを行うことも一つの方法である。また，学習の遅れについては，オープン教室などで，対象児童生徒以外の子どもと一緒に遅れている学習を補うことも考えられるだろう。

さらに，特別な場所を設定して社会性のスキルトレーニングを小集団で行ったり，通級による指導の場において，個別に読み書き・算数の指導を中心に行ったりすることも必要となるであろう。一般に，30～40人も児童生徒がいる教室の中で，一人の児童生徒に特別な配慮をすることはなかなか難しいものがある。しかし，集団でしかできない指導もある。個別の指導，小集団の指導，大集団の指導などを適切に組み合わせて，児童生徒のニーズにできるだけ合った指導を心掛けることが重要であろう。

（熊谷恵子）

4．特別な教育的ニーズに応じた個別の教育支援計画の作成と評価

(1) 小・中学校に在籍する児童生徒の現状と特別な教育的ニーズ

小・中学校において，特別な教育的ニーズのある児童生徒は，次のように大

別できる。
① 特殊学級に在籍する児童生徒
② 通常の学級に在籍し、通級による指導を受けている児童生徒
③ 通常の学級に在籍し、担任等の配慮や学校内外の支援を受ける必要のある児童生徒

また、これらの児童生徒の中には、学校教育法施行令の認定就学者として在籍している児童生徒も含まれる。

これらの児童生徒の障害の状況は、認定就学者等比較的障害の重いと思われる児童生徒から、通常の学級に在籍し、担任等の配慮のもとで教育を受けるLD、ADHD、高機能自閉症等など様々である。したがって、これらの児童生徒の特別な教育的ニーズも多様である。

(2) 特別な教育的ニーズと個別の教育支援計画

小・中学校では、児童生徒の特別なニーズに対応する場や資源として、通常の学級、特殊学級、通級指導教室、盲・聾・養護学校の巡回指導や通級による指導、少人数指導、ティームティーチング、オープン教室、教育ボランティアの活動等がある。また、地域での教育や生活を支援するために福祉領域で行われる学童保育や民間団体等で実施する教育活動等もある。これらの資源を有効に活用し、より適切な教育的支援が学校や地域のチームワークとネットワークで行われるようにするための仕組みとして個別の教育支援計画を位置づけることができる。

さらに、各学校における児童生徒の入り口（就学段階）や出口（進学段階）の部分では、児童生徒一人一人の特別な教育的ニーズを踏まえ、就学前段階の諸機関、進学後の諸機関との連携を進め、生涯を貫く見通しをもった教育支援の計画の仕組みが必要であるが、これを個別の移行支援計画（個別の教育支援計画の一部）と称している。

(3) 特別な教育的ニーズに応じた個別の教育支援計画の作成の観点

小・中学校の個別の教育支援計画の作成に当たっては，次のような観点を考慮することが必要である。

① 校内の全職員で児童生徒を支援すること
② 専門機関との連携を進め，より専門的な支援を実現すること
③ 学校や専門機関だけでなく，地域の市民全体による支援を実現すること
④ 地域や家庭での教育的ニーズを踏まえた支援を実現すること
⑤ 児童生徒の生涯を見通した支援を実現すること
⑥ 児童生徒だけでなく，その保護者への支援を実現すること

(4) 特別な教育的ニーズに応じた個別の教育支援計画の作成のプロセス

小・中学校に在籍する特別な教育的ニーズのある児童生徒の状況は様々である。すでに，障害の判断を受けて就学し，特殊学級に在籍している児童生徒，通常の学級に在籍する児童生徒の中で，特別な教育的ニーズがあり，学級や校内で配慮や支援を受けている児童生徒，特別な教育的ニーズがあると思われるが，まだ支援の対象となっていない児童生徒（潜在する児童生徒）がいる。

まず，通常の学級に在籍する児童生徒の中で特別な教育的ニーズがある児童生徒への支援のプロセスをたどりながら個別の教育支援計画の作成について考えることにする。

1）通常の学級に在籍する児童生徒の個別の教育支援計画の作成プロセス

通常の学級に在籍する児童生徒の個別の教育支援計画の作成プロセスを図3-2に示したが，これについて以下に若干の説明を加えたい。

① 特別な教育的ニーズへの気づき：学級担任等校内の教職員の気づきや保護者からの気づきをもとに相談を開始する。この際，チェックリストや啓発パンフレット等の資料を活用する。
② 学年での対応：保護者からの相談・学級担任等の気づきを学年で検討し対応する。

4．特別な教育的ニーズに応じた個別の教育支援計画の作成と評価

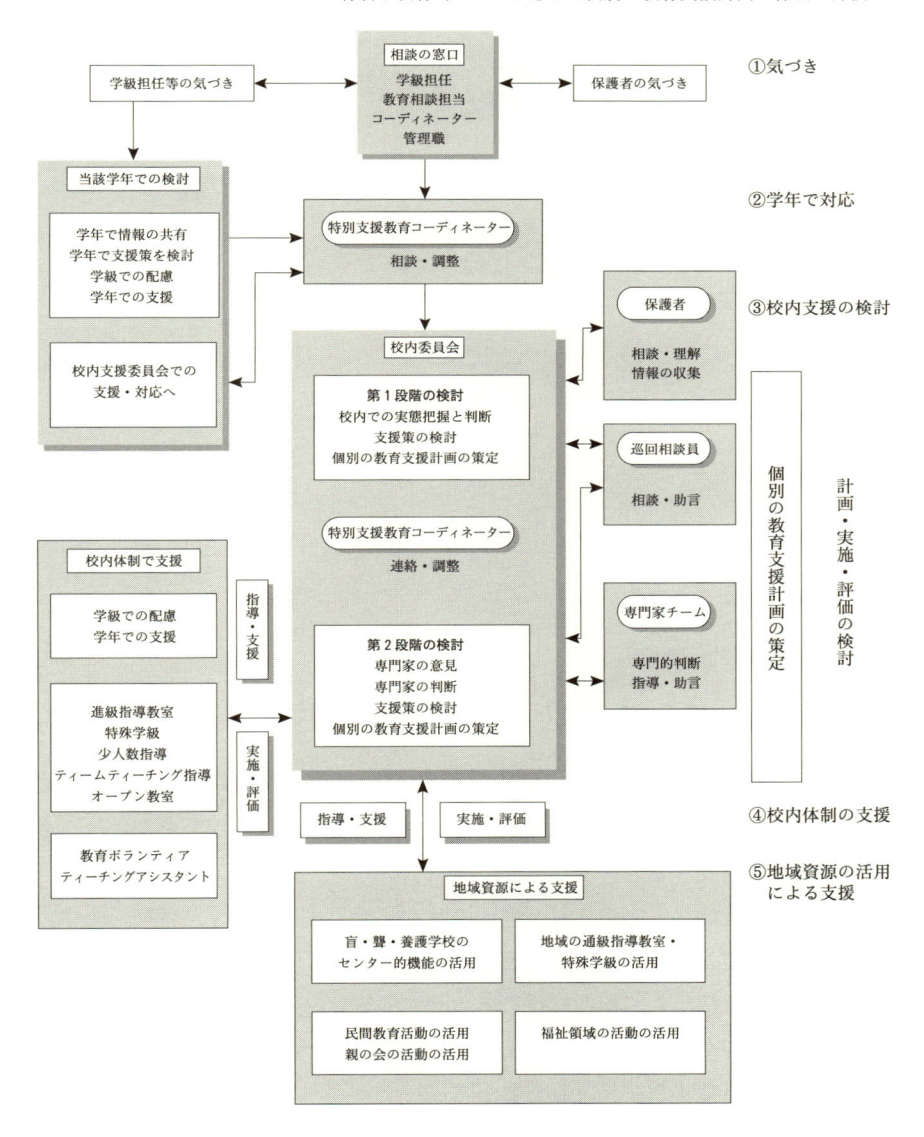

```
①気づき
    学級担任等の気づき ← 相談の窓口（学級担任／教育相談担当／コーディネーター／管理職） → 保護者の気づき

②学年で対応
    当該学年での検討
        学年で情報の共有
        学年で支援策を検討
        学級での配慮
        学年での支援
        ↓
        校内支援委員会での支援・対応へ
    ← 特別支援教育コーディネーター（相談・調整）

③校内支援の検討
    校内委員会
        第1段階の検討
            校内での実態把握と判断
            支援策の検討
            個別の教育支援計画の策定
        特別支援教育コーディネーター（連絡・調整）
        第2段階の検討
            専門家の意見
            専門家の判断
            支援策の検討
            個別の教育支援計画の策定
    ↔ 保護者（相談・理解／情報の収集）
    ↔ 巡回相談員（相談・助言）
    ↔ 専門家チーム（専門的判断／指導・助言）

    個別の教育支援計画の策定
    計画・実施・評価の検討

④校内体制の支援
    校内体制で支援
        学級での配慮
        学年での支援
        （指導・支援）
        進級指導教室
        特殊学級
        少人数指導
        ティームティーチング指導
        オープン教室
        （実施・評価）
        教育ボランティア
        ティーチングアシスタント

⑤地域資源の活用による支援
    指導・支援／実施・評価
    地域資源による支援
        盲・聾・養護学校のセンター的機能の活用
        地域の通級指導教室・特殊学級の活用
        民間教育活動の活用／親の会の活動の活用
        福祉領域の活動の活用
```

図3-2　個別の教育支援計画の作成のプロセス

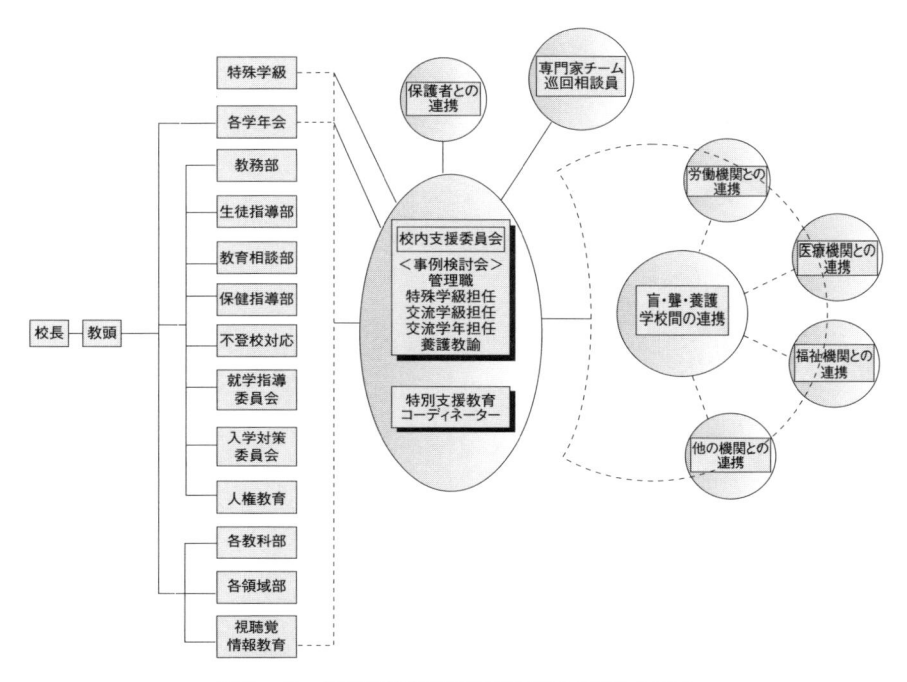

3章　軽度の障害児に対する個別の教育支援計画

図3-3　個別の教育支援計画の作成の組織と構成

③　校内支援委員会での判断と支援の検討：児童生徒の実態の把握や判断をもとに，個別の教育支援計画を策定する。校内で判断がつかない場合には，専門家の支援を受ける。

④　学年及び校内体制での支援：個別の教育支援計画に基づき，学級の配慮，学年での支援，校内体制での支援等を行う。

⑤　地域資源を活用し，校内支援とあわせて実施：校内支援のみでは十分な成果が期待できないと判断された場合，学校外の様々な資源を掘り起こして，その協力を得る体制を整える必要がある。

通常の学級に在籍する児童生徒への支援は，全職員のチームワークによって行うものである。したがって，その支援を検討する過程には，実際に支援を行う関係職員の参加が望ましい。もし，全職員による支援が必要であれば，全職

員の参加のもとで行うべきもので，個別の教育支援計画は，そうしたチームアプローチで行うことが大切である。

　特別支援教育コーディネーターは，校内支援委員会を組織して招集し，支援委員会を運営する役割がある。また，校内の各分掌との連携調整を促進し，児童生徒のかかわる情報の収集整理を行うとともに，実際の支援に結びつく校内の教育的資源の把握や開発を行い，支援会議の中で支援情報として示すことも必要であろう。さらに，必要に応じて校外の地域資源との連携を必要とするので，地域資源の把握と連携体制の構築を促進する必要がある。

　図3－3に個別の教育支援計画を作成する際の組織の構成を示したので，あわせて参考にされたい。

2）特殊学級に在籍する児童生徒の個別の教育支援計画の作成プロセス

　次に，特殊学級に在籍する児童生徒の個別の教育支援計画の作成プロセスをたどりながら，その作成について考えることにする（図3－4）。

① 　特殊学級での支援策の検討：特殊学級の事例検討会で，保護者，本人・特殊学級担任，交流学級担任，校内の他の関係者及び専門機関等からの情報を収集・整理する。また，保護者・本人の希望や願いの確認，障害の状況を確認する。

② 　校内支援委員会での協議：特別支援教育コーディネーターは校内委員会を開催し，校内外での支援の検討を行う。この場合，特殊学級での情報収集，判断，見立てをもとに，次のような諸点を踏まえて校内外での支援策について検討する。

・収集した情報をもとに，障害の状況を確認する。
・障害状況を踏まえ，特別な教育的ニーズを見極め，支援策を検討する。
・校内職員が行うこと，できることを確かめ，支援計画を立てる。
・家庭や地域で行うことについて，地域資源の活用を検討する。
・検討したことをもとに，支援計画を立案する（支援者，支援内容，支援期間，評価時期などを検討し，個別の教育支援計画として記述）。

　なお，校内支援委員会は，必要に応じて校外の関係者を含めて構成する。

3章 軽度の障害児に対する個別の教育支援計画

保護者
相談・理解
情報の収集

地域の教育機関
地域の関連機関
地域の福祉機関
地域の医療機関

特殊学級での検討
第1段階の検討
実態把握と判断
支援策の検討

特別支援教育コーディネーター
相談・調整

校内体制で支援
交流学級での支援
交流学年での支援

クラブ活動
委員会活動
少人数指導
オープン教室

指導・支援

実施・評価

特別支援教育コーディネーター
連絡・調整

校内支援委員会

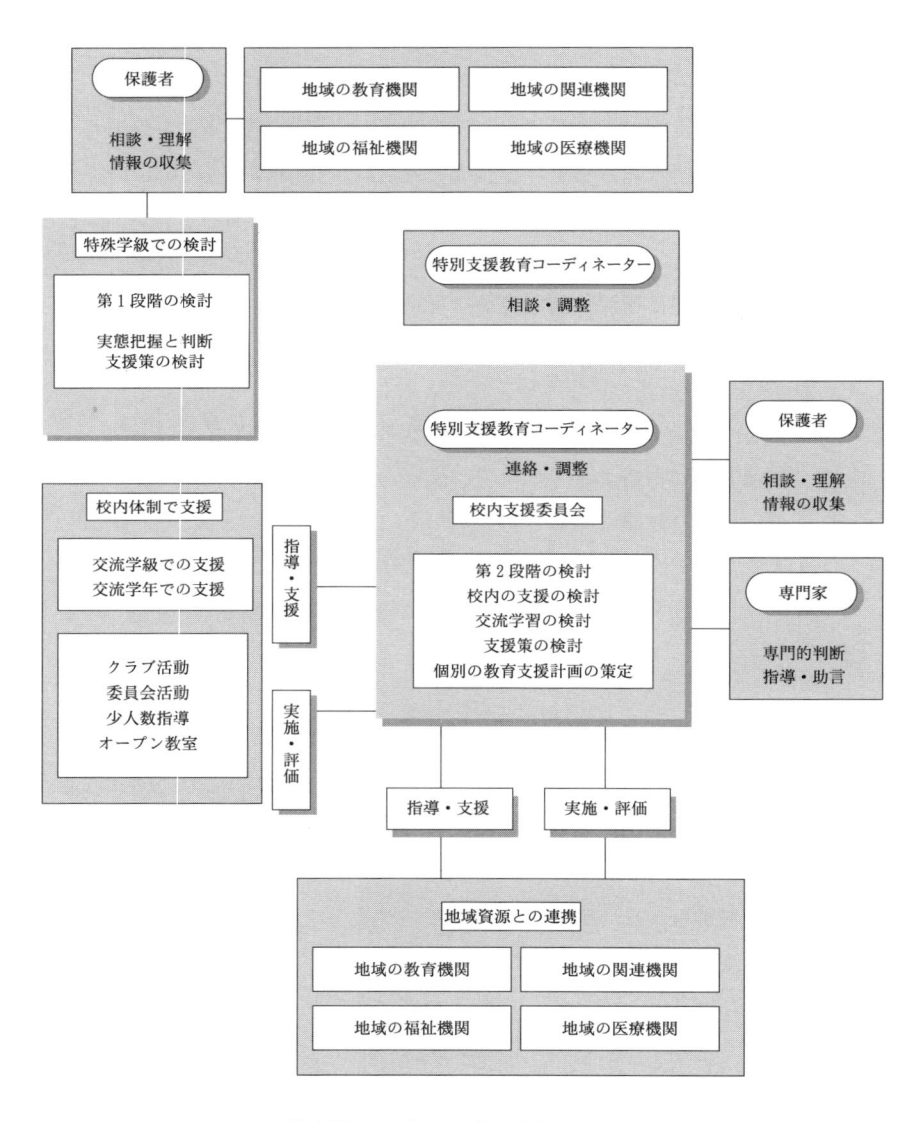

第2段階の検討
校内の支援の検討
交流学習の検討
支援策の検討
個別の教育支援計画の策定

保護者
相談・理解
情報の収集

専門家
専門的判断
指導・助言

指導・支援　　実施・評価

地域資源との連携
地域の教育機関
地域の関連機関
地域の福祉機関
地域の医療機関

図3－4　特殊学級での個別の教育支援計画の作成プロセス

⑸ 特別な教育的ニーズに応じた個別の教育支援計画の作成の実際

1）通常の学級に在籍する児童生徒の個別の教育支援計画作成の実際

　個別の教育支援計画は，児童生徒の教育的ニーズを把握し，チームワークとネットワークで具体的な支援を行うために作成するものである。したがって，児童生徒の支援にかかわる関係者が，お互いに情報を共有して実態の把握を適切に行い，児童生徒の教育的ニーズが何かを明らかにし，それぞれの関係者が何ができるのかを考え，計画して，支援を実施することにつながるものでなくてはならない。個別の教育支援計画は，その支援のためのシステムやプロセス等を記述したものであるといえるであろう。

　図3－5に示す例は，いくつかの小学校の校内支援会議を参考にして，個別の教育支援計画の作成の考え方を整理したものである。以下に，若干の解説を加えてみたい。

　校内支援会議の展開は，以下に示すとおりである。

① 　学級担任から，担任する児童の一人が，落ち着きがない，学習に集中しない等の訴えがあり，校内支援会議を開き，支援の検討をすることになった。
② 　特別支援教育コーディネーターは，校内職員を招集し，支援会議を開催することとした。
③ 　事前に，児童についての情報を収集するための個別のシートを用意し，学級担任に児童についての状況を記入してもらった。
④ 　個別のシートをもとに校内職員がこれまでに観察したことや気づいたことなどを記入し，児童の実態把握と情報の共有化を図った。
⑤ 　次に，その情報をもとに現段階での児童の状況を見極め，必要な支援について検討し，校内の参加職員のそれぞれが自分ができる支援策を提案し，実施計画として，個別のシートに記入した（実際は，拡大したシートを黒板に張り，話し合いながら記入していった）。具体的な支援の内容は，校内職員ができることと地域の支援資源へつなぐこと等があり，地域の資源へつなぐことについては，窓口となるコーディネーター教員の活動として記述された。

3章　軽度の障害児に対する個別の教育支援計画

⑥　最後に、次の支援会議までに、それぞれが実施したことをもとに、その状況を報告し合い、さらに必要なことの検討を行うことが決められた。

この様式は、参考例として示したが、各項の立て方及び記述の内容は、いくつかの実践例をもとにして作成している。

[主訴あるいは気になる特徴]					
（例）指示の理解ができなかったり，コミュニケーションが成立しにくい。落ち着きがない。学習内容の習得が不十分である。					
観点	学習面・学力面	生活面・行動面	健康・身体・運動	心理面・社会性	家庭・地域・その他
観察者・情報提供	学級担任・保護者	学級担任・同学年	学級担任・養護教諭・保護者	学級担任・同学年	保護者・児童館 学級担任
	その他の関係者	その他の関係者	その他の関係者	その他の関係者	その他の関係者
実態の把握の段階	〈学級担任〉人の話を聞けない。話が要領を得ない。読み書きの力が習得しにくい。	〈学級担任〉集団行動ができない。落ち着きがない。〈教頭〉一対一でかかわると落ち着いている。	〈学級担任〉活発に運動するがぎこちない。〈養護教諭〉聴力検査では，特に問題はなかった。	〈学級担任〉人とのかかわりがうまくできない。孤立しがち。〈1年生の時の担任〉廊下で出会って話しかけると元気に応対した。	〈学級担任〉保護者（母）が熱心に働きかけるが，子どもとのかかわりが不適切。
協議検討段階	落ち着きがなかったり指示の理解ができないのは，難聴ではないだろうか。専門機関で聴力検査をする必要はないか。落ち着きがないことや，集中して話を聞けないのは，ADHDの傾向があるのではないか。教師の話に集中できないのは，話し方を工夫することで改善できないか。小集団活動の取り組みで友達関係を作ったりしたらどうか。保護者の心配が大きいので，管理職や教育相談担当で，保護者と話し合いの機会をもったらどうか。学校になじみにくいのかもしれない。児童館の職員からも様子を聞いてみるといい。言葉の面で，通級による指導（個別指導）を活用してはどうか。				
支援の段階	〈学級担任〉指示の出し方や話し方を工夫し，子どもの反応を確認する。子どもの話を丁寧に聞く。	〈教頭〉全校朝会，行事の時に一対一で配慮する。	〈養護教諭〉観察をし，専門機関での聴力検査を勧める。	〈1年生の時の担任〉放課後や休み時間に一対一でのかかわりをもつ。	〈教頭・教育相談〉保護者面談を行う。〈コーディネーター〉通級指導教室の情報収集をする。

図3-5　校内支援会議で使用された個別シート（個別の教育支援計画）

この校内支援委員会で行われた支援会議のプロセスと作成された個別の教育支援計画（記述された個別シート）については，次のような特徴がある。
① 　児童の問題状況を全職員で共有している。
② 　児童の実態を校内職員がそれぞれの立場で多面的に提起することにより，前学級担任からの情報，養護教諭からの情報など担任には見えない情報が共有化され，児童の実態把握がより的確になった。また，校内職員による支援活動にもつながりやすかった。
③ 　特別支援教育コーディネーターは，自ら情報を提供したり，実態把握についての考えを説明したりしないで，学級担任や参加の職員からの情報提供や考えを聞き出す役割に専念している。専門的な診断が必要と思われる事項については，養護教諭等関係職員へ情報の収集や連絡調整をゆだねている。また，地域の支援資源の状況を把握し，適宜，資源の情報を提供するという役割も担っている。これらのことが，校内職員による主体的な支援活動の提案や提供につながっている。
④ 　支援会議で個別シートを活用し，そのプロセスを記入し記述したものが，そのまま個別の教育支援計画として活用されている。
⑤ 　次の支援会議までに行ったことの状況を報告することで，支援の実施状況の評価となり，次の支援の検討につながっている。
　特別支援教育は，一人一人の教育的ニーズに対応した適切な教育をチームワークとネットワークで支えていくという考え方である。個別の教育支援計画は，そのためのツール（道具）であることを，この事例はよく物語っているといえる。

2）特殊学級に在籍する児童生徒の個別の教育支援計画作成の実際

　特殊学級に在籍する児童生徒の支援は，特殊学級担任だけが行うものではなく，校内の全職員が学校での全教育活動の中で実施していくものである。また，家庭や地域での生活をも視野に入れて，地域資源を活用し，支援を行うものである。そうした支援を検討し，計画し，実施するために個別の教育支援計画が策定される。

3章　軽度の障害児に対する個別の教育支援計画

[障害及び特徴]
軽度の知的障害がある。特殊学級では主要教科を，交流学級では技能教科を学習する。クラブ活動，委員会活動に参加する。

観点	特殊学級での支援	交流学級・学年での支援	その他の校内での支援	家庭での支援	地域での支援	医療・福祉的支援
支援者関与者	特殊学級担任	交流学級担任・交流学年での支援	保健室（養護教諭）・専科教諭・管理職	保護者・家族による支援	児童館，学童保育，親の会活動等の指導者	病院・療育センターの医療・福祉関係者
実態の把握の段階	〈特殊学級担任〉人の話を聞けない。話が要領を得ない。読み書きの力が習得しにくい。	〈交流学級担任〉集団の中での学習理解は一人では難しい。友達の支援を受けたり個別指導を行っている。友達とのかかわりはうまくいっている。	〈養護教諭〉服薬をしているので，健康観察などに配慮して行っている。〈音楽科〉音楽に興味をもって時々音楽室に来る。そのつど対応している。	〈保護者からの情報〉身辺の自立に向けた取り組みをしている。家庭での仕事を分担している。	〈関係機関からの情報〉児童館活動に参加，学童保育を受けている。親の会の活動にも参加する。	〈関係機関からの情報〉言語訓練として，音の認知，構音器官の運動機能訓練，構音指導を受けている。投薬を受けている。
協議検討段階	指示理解など不十分なところもあるけれども，まわりの様子を見ながら一生懸命に活動している。みんなと一緒に活動するのが楽しいようだ。 校内のいろいろな先生に話しかけたりして人とのかかわりを楽しむことができる。そうしたかかわりの中で，成長するのだと思う。 分からないところは，個別に丁寧に説明すれば理解できるので，個別指導の場が必要だと思う。 保護者からは，自分でできることは自分でやらせてほしいとの考えがあるので，できることはやらせたい。 親の会の活動や地域活動を楽しみにしているようだ。社会的な体験活動も必要だと思う。					
支援の段階	〈特殊学級担任〉ことばや数についての基礎的な力を伸ばす。様々な体験を通して概念形成を促進する。	〈交流学級担任〉小集団活動を通して，友達とのかかわりを促進する。係活動等を通して集団からの承認の場を考慮する。	〈養護教諭〉健康面での配慮を継続する。〈音楽科〉興味・関心をもったことをのばす。〈教頭〉全校朝会，行事の時に一対一で配慮する。	〈保護者〉家庭での養育を通して身辺の自立を促進する。	〈地域資源〉放課後や休日などの余暇活動を充実させる。	〈医療・福祉機関〉医療・福祉的支援を継続する。特別支援教育コーディネーターと養護教諭が連携を進める。

図3-6　校内支援会議で使用される個別シート（個別の教育支援計画）

4．特別な教育的ニーズに応じた個別の教育支援計画の作成と評価

　図3－6に示す例は，特殊学級在籍の児童の校内支援を想定して，個別の教育支援計画の作成の考え方を整理したものである。以下に若干の解説を加えてみたい。

　校内支援会議の展開は，以下に示すとおりである。

① 特別支援教育コーディネーターは，校内職員を招集し，校内支援についての検討を行うための支援会議を開催する。

② 事前に，児童についての情報を収集するための個別のシートを用意し，特殊学級担任に児童についての状況を記入してもらう。

③ 特殊学級担任から，児童の状況が説明される。

④ 個別のシートをもとに校内職員がこれまでに観察したことや気づいたことなどを記入し，児童の実態把握と情報の共有化を図る。

⑤ その情報をもとに，必要なことが整理され，また，校内の職員がそれぞれできること，保護者や外部資源の支援にゆだねること等を整理し，全体での検討を経て，実施計画として，個別のシートに記入する。保護者や地域資源へつなぐことについては，窓口となる職員の活動として記述された。

⑥ 最後に，次の支援会議までに，それぞれが実施したことをもとに，その状況を報告し合い，さらに必要なことの検討を行うことを決める。

　以上のプロセスを通して記述された個別シートは，個別の教育支援計画として機能していく。

　特殊学級においては，特殊学級担任によって個別の指導計画や個別の教育支援計画が立案される場合が多い。特殊学級担任は，児童生徒の実態について特に理解している立場であるが，校内支援委員会では，児童生徒の情報の整理とその提示を行うことが必要である。校内支援委員会は，全職員がそれぞれの立場で児童生徒の状況をとらえ，支援を行う検討の場であるので，特殊学級担任も支援者の一人として位置づくことになる。特殊学級担任にとっては，児童生徒の理解や支援の在り方をとらえ直す場となるとともに，より広い視野で児童生徒を見つめ，また，多側面からの支援を協働して行うことの大切さを実感する場ともなるであろう。

〔松村勘由・澤田真弓〕

3章　軽度の障害児に対する個別の教育支援計画

〈文献〉

American Psychiatric Association (1994) Diagnostic Criteria form ＤＳＭ-Ⅳ．高橋三郎・大野裕・染谷俊幸訳（1995）『ＤＳＭ-Ⅳ精神疾患の分類と診断の手引』医学書院

不登校問題に関する調査研究協力者会議（2003）「今後の不登校への対応の在り方について（報告）」

中央教育審議会（2004）「特別支援教育を推進するための制度の在り方について（中間報告）」

学習障害およびこれに類似する学習上の困難を有する児童生徒の指導方法に関する調査研究協力者会議（1999）「学習障害児等に対する指導について」および「学習障害の判定・実態把握基準（試案）」

星野仁彦・増子博文・橋本慎一・角田耕也・金子元久・熊代永・丹羽真一・八島祐子（1993）「学習障害児にみられる二次的情緒障害の発症要因に関する検討」『小児の精神と神経』33（2），p.145-154

星野仁彦・栗田征武（1995）「学習障害を伴う登校拒否児の病像特徴」『小児の精神と神経』35（4），p.285-297

増田博信（2004）「コーディネーションの実践──中学校（教育相談主任の立場から）」『ＬＤ研究』13（3），p.263-268

海津亜希子（2005）『個別の指導計画作成ハンドブック』平成14～16年度科学研究費補助金（若手研究（Ｂ））研究成果報告書

文部科学省初等中等教育局特別支援教育課（2003）『特別支援教育推進基礎資料』

文部科学省初等中等教育局特別支援教育課（2004）『小・中学校におけるＬＤ（学習障害），ＡＤＨＤ（注意欠陥／多動性障害），高機能自閉症の児童生徒への教育支援体制の整備のためのガイドライン（試案）』

文部省（1999）『盲学校・聾学校及び養護学校学習指導要領』

21世紀の特殊教育の在り方に関する調査研究協力者会議（2001）「21世紀の特殊教育の在り方について──一人一人のニーズに応えた特別な支援のあり方について（最終報告）」

齊藤万比古（1997）「発達障害としてみた不登校」『こころの科学』73，日本評論社

田中康雄・毛利義臣（1995）「注意欠陥多動障害児にみられる情緒的問題──情緒障害の特徴と親の養育態度」『小児の精神と神経』35（4），p.301-311

田中容子（2004）「コーディネーションの実践──小学校（通級指導の立場から）」『ＬＤ研究』13（3），p.255-261

特別支援教育の在り方に関する調査研究協力者会議（2003）「今後の特別支援教育の在り方について（最終報告）」

東京都教育委員会（2004）「東京都特別支援教育推進計画──一人一人が輝く特別支援教育の創造をめざして」

通級学級に関する調査研究協力者会議（1992）「通級による指導に関する充実方策について（審議のまとめ）」

吉澤節子・熊谷恵子（2005）「個別の指導計画の書式についての検討」『日本リハビリテーション連携科学学会第6回大会論文集』p.70-71

4章 個別の教育支援計画の作成・実践例

1．視覚に障害のある児童生徒の事例

(1) 個別の教育支援計画作成の意義

　視覚障害教育における個別の教育支援計画作成の意義は，基本的に「今後の特別支援教育の在り方（最終報告）」に示されている考え方に従うものと考えてよい。現在検討を進めている多くの盲学校においても，「児童生徒一人一人のニーズを把握すること」「長期的視点に立って一貫した支援を行うこと」「医療・福祉・労働・地域等の連携・協力を推進すること」などが作成の目的に盛り込まれている。

　盲学校固有の課題という観点からみると，その対象の年齢層が乳児期から中途視覚障害者，視覚障害の成人まで幅広いこと，障害の程度からみると，視覚活用の可能ないわゆる弱視といわれる幼児児童生徒と視覚以外の感覚の活用が不可欠な「盲」といわれる幼児児童生徒，その中間に位置する者と障害の程度も広範囲にわたっていること，さらには，視覚以外には障害がなく高等教育まで十分に習得できる者と視覚障害以外の様々な障害があるためにより手厚い対応が必要な者とが一つの学校で学校生活を送っているなどの特徴がある。

　こうした様々な状態にある児童生徒を見つめて一人一人のニーズを的確に把握し，適切な指導や支援を行っていくためには，盲学校内においては，他の障害種別に増して個々の教員に高度の専門性が要求されるとともに，チームによる支援が要求されてくるといえる。

　また，こうした多様な児童生徒の状況を適切に見極めるためには，保護者と

の共通理解を深めるとともに，地域の関連する外部機関等と連携して，各種の情報や支援の内容に関する認識を共有していくことも不可欠である。このような状況の中で一人一人の児童生徒をより客観的・専門的にとらえて，学校での取り組みを深化させることが可能となってくる。

　視覚障害教育では，児童生徒数が比較的少人数であるため，これまでも一人一人のニーズに応じた教育が展開されてきているが，視覚に障害がある児童生徒を取り巻く，福祉，医療，労働等の各機関との密接な協力体制のもとでの対応は十分にはなされていなかったといえる。今後「個別の教育支援計画」を作成し，連携のためのツールとして活用していくことで，よりきめ細やかな支援ができるようになっていくことが期待される。また，学校内部での担当者や学部間の連携という点でも効力を発揮するものと期待される。

(2) 個別の教育支援計画作成の組織と手順

1）作成の組織

　盲学校は前述したように，幼児から大人までを対象としたいくつかの学部組織になっているところが多く，様々な分掌もあって役割が分担されている。在籍する児童生徒の担任等担当者は決まっているが，一人の児童生徒に多くの教員がかかわっている場合も少なくない。一人一人の児童生徒のニーズを的確に把握し，適切な支援の内容や方法を検討するためには，担当者一人ではなく，特別支援教育コーディネーターを核として関係する教員や職員のチームによる支援が必要となってくる。このような観点から，各学部の分掌等の代表による校内委員会を立ち上げたり，特別支援教育コーディネーターを中心に教務，研究，進路などの担当者を中心としたプロジェクトチームを編成したりして，様式や運用方式の検討を進めているところが多い。

　「個別の教育支援計画」の作成については，直接担当する教員等が計画の作成や実施の責任者となっているところが多い。担任が中心となりながらも，継続して一貫した対応をしていくためには学校全体で責任をもって取り組むための体制作りも欠かせない。各学校内において校内委員会や個別支援教育策定委

員会のような対応する部署を組織し，そこで吟味していくことが必要である。

　また，幼・小学部と中・高等部の学部間の引き継ぎがスムーズに行われることも大切なので，組織体制作りに当たっては，この点への配慮も必要だと思われる。

　さて，次に外部の諸機関との連携を進めるための方策について見てみたい。「今後の特別支援教育の在り方（最終報告）」においては，学校内外の関係者の意見を集約して円滑な計画策定が可能となるよう，都道府県レベルでは部局横断型のネットワークとして「広域特別支援連携協議会」を設置し，その下にいくつかの支援地域を置き，各支援地域には「特別支援連携協議会」の設置の必要性を提案している。

　視覚障害の分野において「個別の教育支援計画」を作成する場合，特に留意すべき点は，児童生徒の居住地が広域にわたっていることと，視覚障害に関する社会資源が他の障害種別に比べて限られているということである。限定された社会資源を広範囲にわたってしっかり把握して連携を取っていくことは容易なことではないが，盲学校のセンター的機能の一環としても，これらの社会的資源とのネットワークを形成することが大切なので，この点をも視野に入れた取り組みが大切である。

２）作成の手順

　作成の手順等に関するいくつかの事例を示してみたい。まず，A 盲学校での作成手順について見てみることにする。A 盲学校では，すでに児童生徒の既存の資料を電子ファイル化している。これらのファイルの活用を考慮して，教育委員会より示された「個別の教育支援計画」の書式をもとに，学校独自の書式を作成した。そして，すでに作成されている個人データをできるだけ生かしながら，不足している点を補う形で「個別の教育支援計画」をまとめ上げるという形をとっている。すでに作成済みの資料としては，次の諸点を挙げている。

① 　子どもの生活全体を見通して，地域における支援内容，支援体制（支援機関，支援者，回数，支援内容）を考えるための資料として，児童生徒の「個人基本調査票」及び「保健及び視覚管理に関する調査票」
② 　児童生徒の実態把握や支援のニーズの内容と支援目標，内容を把握するた

めの資料として「学習指導計画」及び「個別の指導計画」
③　就労及び卒業後の支援継続のための資料として「進路指導計画」（個別の移行計画）

　A盲学校では，指定されたファイルに書き込まれたデータは自動的に「個別の教育支援計画」のファイルに転記されるようになっており，これに保護者のニーズを把握し，今後必要とされる支援について整理するためのアセスメント及び学校外の関連機関との連携や支援に関する項目などを追加記入することで，個別の教育支援計画がまとまっていくようになっている。

　これらの作業を平成17年度に向けては次のようなスケジュールで進めることとしている。

　　12月　趣旨・作成の手順の確認
　　1月　担任による支援計画の記入
　　2月　保護者への支援計画作成の趣旨説明
　　　　　保護者へのニーズ調査
　　3月　保護者との協議を経て支援計画作成
　　　　　次年度担任への引き継ぎ

　このように，既存の資料を統合して「個別の教育支援計画」を作り上げていくという方法は，作成の効率化や計画の一貫性という観点から他の盲学校にも参考になるものと思われる。

　また，評価については，3年程度の見通しで計画を立て，内容については毎年見直すこととしている。内容の変更点や支援の記録は，そのつど記入することになっている。

　多くの盲学校と同様，A盲学校においても「個別の教育支援計画」は，担任を中心に作成されており，それを学校として責任をもって示すことができるような体制作りまでには至っていない。今後，担任を中心に作成した計画を，学校として確認するためのシステム作りが必要になってくるものと思われる。

　また，A盲学校の取り組みは，校内における個別の教育支援計画への対応という点では，しっかりまとまっているが，関連機関等との連携という点では，

その対応が弱いように思われる。

　次に，B県では，学校外の関連する諸機関との連携にしっかり対応するために，各機関の支援の内容と役割分担を中心に記すシートを別に用意している。それには，児童生徒や保護者のニーズを明記した上で，所属機関，家庭，地域生活・余暇，健康・安全，相談という観点から，どの機関の，どの担当者と，どのような支援について検討し，それがいつ見直され，見直しがいつ評価されたか記述できるようになっている。これは，実際に学校外の諸機関とケース会議をもった時などに活用することになる。これをB県の盲学校では地域の諸機関との連携に活用している。「個別の教育支援計画」ではこうした機関間の連携を明確にするための資料（課題やニーズ，機関とその対応の記録，見直し評価）もきちんと学校の責任において整備しておく必要がある。

　また，「個別の教育支援計画」作成に当たっては，一人一人に応じて「支援会議」を設けることが理想であるが，盲学校のように圏域が広い場合は，その調整がなかなか難しいことが想定される。B県では，養護学校単位での圏域を設定して対応していくことにしているが，盲学校もその圏域を利用して全県をカバーする仕組みを打ち立てている。これについては各自治体の特性に応じた対応が必要となってくる。いずれにしても，連携が必要な機関とは直接担当者間の人間関係を深めていくことが不可欠だといえる。

　なお，ニーズの把握においては，児童生徒自身の障害や能力，責任の問題として記述しないように気をつけなければならない。「～ができない」という記述ではなく，「～というニーズは，～という支援があれば可能となる」という視点からとらえていく必要がある。そのためには，心身機能やADL（日常生活動作）の側面を過度に重視しないようする配慮が必要であろう。

3）発達の各ステージでの想定される支援と地域資源との連携
ア．乳幼児期における支援と地域資源との連携

　乳幼児期に視覚に障害があることが分かると，保護者にとってはその治療が最大の関心事であり，まず，医療関係とのかかわりが中心になる。視覚の活用について困難な状態が明確になったり，その状態が一定になったりした段階で，

教育や福祉関係の機関を探し出すことが多い。乳幼児の発達をうながすためには早期からの働きかけが大事になってくる。すでに早期教育への対応が進んでいる盲学校では，この段階から医療機関と連携を取ってかかわっている。ここでは眼科医やその指示下で働く視能訓練士やＭＳＷ（医療ソーシャルワーカー）との円滑な連携が求められる。

　この時期においては，乳幼児が盲学校と療育センター・保育園・幼稚園など複数の機関とかかわる場合も多い。盲学校が中心にかかわることになった場合は，乳幼児がかかわっている機関の担当者と人間関係を築いた上で，保護者に寄り添って視覚に障害のある乳幼児の保育に関する教育的支援や適切な情報提供を行っていくことが非常に重要になってくる。また，当該乳幼児が保育園や幼稚園に在籍することになった場合も，在籍先の機関の環境や体制を理解した上で適切な支援を行っていくことが大事である。

イ．義務教育段階における支援と地域資源

　学齢期では，盲学校等の教育機関が責任をもって「個別の教育支援計画」を作成していくことになる。必要に応じて外部機関等の連携を図っていくことになるが，この場合，支援の在り方には二つの側面が考えられる。

　一つは，所属機関や担当部署が移行しても，これまでの支援を受け継いで，一人一人のライフステージに沿って，これまでの療育，教育，指導等を受け継いで一貫した対応をしていくという支援の継続・発展の視点である。もう一つは，児童生徒や保護者のニーズの実現や障害のある人を社会全体でトータルに対応していこうという観点から，関係する地域の諸機関等と連携して支援を広く展開していこうとする視点である。

　前者については，前の組織や機関での支援を引き継いで，学校の教育計画や個別の指導計画の中にきちんと位置づけて，場合によっては地域資源も活用しながら児童生徒の支援を考えていこうとするものである。後者は，社会全体で子どもを支えていくという観点から，関係諸機関の連携について学校が調整役を担っていこうとするものである。

　学齢期であっても，児童生徒に必要な支援は教育機関だけで対応できるもの

ではない。例えば、視覚管理という観点から眼科での継続的支援が必要な児童生徒の場合は、保護者を通して主治医の眼科医との連絡を密にして、学校生活での様子を報告するとともに、児童生徒の見え方の状態や視覚管理の在り方などについてアドバイスを受けるなど、情報交換を進めていくことが大切になってくる。

また、視覚以外に障害のない盲学校在籍児童生徒の場合は、盲学校では児童生徒が少ないが故に手厚く対応されるが、社会性の育成という面では必ずしも最適な環境ではないという問題も存在する。こうした場合は、盲学校の近隣の小学校や居住地の小学校などとの関係作りが不可欠であろうし、地域の子どもたちとの交流を考えていく必要もでてくるであろう。

また、現状では盲学校に通っている児童生徒は、下校後の生活も地域から孤立している場合が多い。個別の教育支援計画のもとではこうした学校生活以外でのニーズへの対応も支援の範疇に入ってくる。寄宿舎に入っている児童生徒も、同年齢層の子どもたちとのかかわり合いを支援していくことは重要なことである。学童保育や児童館など放課後に地域の児童生徒が集まって活動している機関、あるいは地域のスポーツや音楽教室など習い事などの機関との連携も図っていくことが求められる場合もある。こうした支援も、児童生徒をトータルに育てていくという観点から大切にしていかなければならない。また、盲学校の寄宿舎が、学童保育のような機能を果たすことにより、地域の子どもたちとのかかわりを強めることも考えられる。一部の盲学校ではすでにこのような取り組みが積極的に行われてきているが、「個別の教育支援計画」のもとでは、どの学校でも十分な対応をしていくことが求められるのではあるまいか。

また、盲学校に視覚障害以外の障害をあわせもった重複障害幼児児童も多く在籍している。こうした点からは、地域の聾学校、養護学校、療護施設、療育センター等との交流やネットワーク作りが必要になってくる。

ウ．高等部段階における支援と地域資源

盲学校に通学している単一視覚障害生徒は、視覚障害に関して配慮された環境で普通教育や職業教育を受けることになる。しかし、この段階においても同

年代の人々との交流は極めて重要である。地域の高等学校との連携が望まれるところである。また，この段階になると，教材等の面でも学校内だけでの資源では不十分で，地域の点字図書館や一般図書館を利用したり，予備校などの機関を利用したりする場合も多くなってくる。ボランティアに点訳，拡大写本，録音図書などの製作を依頼したり，対面朗読を依頼したりするニーズも高くなる。こうした場合も，本人や家族任せでは負担が大きいので，個別の教育支援計画の中に位置づける必要がでてくるであろう。このような学校外での生活の分野で生徒が利用している施設や機関ともかかわりをもち，視覚障害への対応の仕方や配慮点などについて理解を求める努力も大事である。

中途視覚障害によって盲学校に転校してきた生徒の場合は，その心理的ケアや日常生活動作，歩行などに関して，地域の福祉機関等との連携が必要になる場合もあるので，対応できるネットワークの構築にも心掛けなければならない。

次に，高等部における個別の移行支援計画について考えてみたい。移行支援は，すでに進路担当者によって取り組まれているが，今後は，個別の支援計画の一環として位置づけられることになる。

視覚障害の分野における職業教育としては，伝統的に理療（鍼・灸・あんま・マッサージ）を中心に実績が積み重ねられている。このような伝統的な職業教育が視覚障害教育の中に根付いていることは大変素晴らしいことであるが，一方，視覚障害＝理療という選択肢だけしかないということでは，生徒のニーズに応じきれないという問題も存在する。理療以外の進路に強い希望をもっていても，自立の手段として理療の道に進むように迫られたという発言が盲学校卒業者から聞かれることがある。盲学校の職業教育については，これまでも関係者が様々な努力を続けてきたが，それでも現実には，理療以外の進路開拓がなかなか進んでいないという厳しい状況にある。幅広いニーズに対応するためには，大学卒業後のアフターケアまでも含めて，進路開拓のための関連機関との繋がりや，ハローワーク等の担当者との結びつきの強化についてこれまで以上に努力する必要があるといえる。

ハローワークでの視覚障害の職業開拓については，知的障害等の他の障害種

別に比べて担当者の関心も薄く、対応の弱さが指摘されている。視覚障害者への理解が担当者に浸透していないことも大きな要因なので、日常的な連携を深めていく必要がある。

また、重複障害生徒の進路も本人や保護者にとっては大きな課題である。この分野でも、地域のネットワーク作りは大きな意味をもつ。例えば、視覚障害対象の地域作業所などは大変少なく、多くは他の障害種別対象のものであり、養護学校関係者が努力して立ち上げたものも多い。どんなに重い障害があっても居住地域で生活できることは大切なことであり、こうした地域の施設が利用できるような働きかけを日頃から行い、情報のネットワーク作りを進めることが大切である。多くの盲学校では、すでに様々な努力をしているが、ニーズに即した地域資源との関係作りがさらに大事になってくるものと思われる。

また、多くの盲学校高等部は、成人中途視覚障害者の職業教育の場としても重要な機能を果たしている。大都市圏では、視覚障害リハビリテーションの資源があり、生活及び職業面でのケアを受けることができるが、全国的にみるとそうした環境が整っている自治体は少数である。多くの自治体では、盲学校が中途視覚障害者の職業リハビリテーションの機能も果たしている。しかし、こうした中途視覚障害者の盲学校での対応は、16～18歳の高等部の生徒に準じている場合が多い。対象者のニーズという点からすると、16～18歳の生徒と成人中途視覚障害者とでは、その対応を異にしなければならない点が多い。学校以外の地域の福祉機関等との連携を深めて、対象者のニーズができるだけ充足されるような対応をしていく必要があるといえる。また、一部の盲学校では、高等部の職業教育部門には「個別の教育支援計画」は不要であるという意見もあると聞くが、これまで述べてきたことから、それは大きな誤りであることを理解していただきたい。

エ．視覚障害に関連して想定される支援の内容と社会資源

視覚障害教育の領域において「個別の教育支援計画」を推進していくために想定される支援の内容を、児童生徒の発達段階のステージに従って整理してみると、表4－1のようになる。

4章　個別の教育支援計画の作成・実践例

表4-1　視覚障害関連の関係機関と個別の教育支援計画の内容
（特殊学校長会編資料をもとに改変）

	家庭生活	学校等での生活	余暇・地域生活	医療・健康・療育	福祉・就労機関	前機関
乳幼児期	子育て支援 家庭生活支援 各種相談 　法律・経済等 親の会	就学前施設 療育プログラム 保育園　幼稚園	地域生活 乗り物・買い物 娯楽・食事・宿泊 ボランティア （点字，触る絵本）	乳幼児健診 発達相談 眼科医治療 その他専門医治療 摂食指導 補装具相談	歩行訓練 日常生活用具 　の給付・貸 　与	
小学部	子育て支援 家庭生活支援 ヘルパー 各種相談 　法律・経済等 短期・長期入 　所 親の会	盲学校 個別の指導計画 交流教育 共同学習	地域生活 乗り物・買い物 娯楽・食事・宿泊 学童クラブ 休日の学校外活動 子ども会 ボランティア （点訳，拡大教材） 放課後活動 スポーツクラブ 音楽教室 送迎サービス 点字図書館	眼科医治療 その他専門医治療 心理相談 摂食指導 補装具相談	歩行訓練 日常生活用具 　の給付・貸 　与	療育センター 　等就学前施 　設 保育園 幼稚園 小学校 盲・聾・養護 　学校
中学部	子育て支援 家庭生活支援 ヘルパー 各種相談 　法律・経済等 短期・長期入 　所 親の会	盲・聾・養護学校 個別の指導計画 交流教育 共同学習	地域生活 乗り物・買い物 娯楽・食事・宿泊 放課後活動 休日の学校外活動 スポーツクラブ 音楽教室 ガイドヘルパー ボランティア （点訳，拡大教材） 送迎サービス 点字図書館	眼科医治療 専門医治療 心理相談 補装具相談	歩行訓練 日常生活用具 　の給付・貸 　与	小学校 盲学校小学部
高等部	子育て支援 生活相談 家庭生活支援 ヘルパー 生活支援 各種相談	盲・聾・養護学校 個別の指導計画 職業・移行支援 交流教育 共同学習 移行支援計画	地域生活 乗り物・買い物 娯楽・食事・宿泊 放課後活動 休日の学校外活動 スポーツクラブ	眼科医治療 専門医治療 心理相談 補装具相談	歩行訓練 日常生活用具 　の給付・貸 　与	中学校 盲学校中学部

1．視覚に障害のある児童生徒の事例

	法律・経済等 短期・長期入所 親の会		音楽教室 ガイドヘルパー ボランティア （点訳，拡大教材） 送迎サービス 点字図書館 盲導犬				
中途視覚障害者職業教育	生活（自立）支援 各種相談 法律・経済等	盲・聾・養護学校 個別の指導計画 職業・移行支援 移行支援計画	地域生活 乗り物・買い物 娯楽・食事・宿泊 青年学級・公開講座 スポーツサークル 文化サークル ガイドヘルパー ボランティア （点訳，拡大教材） 送迎サービス 生活（自立）支援 点字図書館 盲導犬	眼科医治療 専門医治療 心理相談 補装具相談 健康管理相談	歩行訓練 日常生活用具の給付・貸与 ADL		
卒業後	生活（自立）支援 各種相談 法律・経済等 通勤寮 グループホーム	大学等高等教育機関 企業 通所施設 ケアプラン 入所施設 ケアプラン 就労支援	地域生活 乗り物・買い物 娯楽・食事・宿泊 青年学級・公開講座 スポーツサークル 文化サークル ガイドヘルパー ボランティア （点訳，拡大教材） 送迎サービス 生活（自立）支援 点字図書館 盲導犬	眼科医治療 専門医治療 心理相談 健康管理相談	歩行訓練 日常生活用具の給付・貸与 ADL		盲学校高等部

　次に，こうした支援を行っていくために連携協力を取っていくべき地域の社会資源について考えてみたい。これらの社会資源としては，表4－2のようなものが考えられるので，参考にされたい。

表4－2　視覚障害児・者を取り巻く社会資源

	学校	その他の教育資源	医療・健康・福祉	労働・就労
乳幼児期	幼稚園・保育園 盲学校・聾学校・養護学校幼稚部，教育相談部門	教育委員会 教育センター 独立行政法人国立特殊教育総合研究所	眼科医・その他専門医 療育センター ボランティア機関（点訳，拡大写本） 障害児施設 福祉保健センター 児童相談所 社会福祉協議会	
小学部	小学校 盲学校・聾学校・養護学校小学部	教育委員会 教育センター 独立行政法人国立特殊教育総合研究所	眼科医・その他専門医 療育センター ボランティア機関（点訳，拡大写本） 障害児施設 福祉保健センター 児童相談所 社会福祉協議会 点字図書館	
中学部	中学校 盲学校・聾学校・養護学校	教育委員会 教育センター 独立行政法人国立特殊教育総合研究所	眼科医・その他専門医 療育センター ボランティア機関（点訳，拡大写本） 障害児施設 福祉保健センター 児童相談所 社会福祉協議会 点字図書館 盲導犬センター	
高等部	高等学校 盲学校・聾学校・養護学校	教育委員会 教育センター 独立行政法人国立特殊教育総合研究所	眼科医・その他専門医 療育センター ボランティア機関（点訳，拡大写本） 障害児施設 福祉保健センター 児童相談所 社会福祉協議会 点字図書館 盲導犬センター	職業リハビリテーションセンター 視覚障害関連ワークショップ 地域作業所

1．視覚に障害のある児童生徒の事例

大学・社会人	盲学校 大学	筑波技術短期大学	眼科医・その他専門医 療育センター ボランティア機関（点訳，拡大写本） 障害者福祉施設 福祉保健センター 児童相談所 社会福祉協議会 点字図書館 盲導犬センター 国立視覚障害者センター 視覚障害関連リハビリテーションセンター グループホーム 市町村福祉課	職業リハビリテーションセンター 視覚障害関連ワークショップ 企業 ハローワーク 就労援助センター 障害者相談センター 地域作業所 理療団体

(3) 個別の教育支援計画の例

1）事例の概要

　現時点では，個別の教育支援計画を本格的に実施している盲学校は少ない。ここでは，A児をモデルとした個別の教育支援計画について，一つの考え方を示してみたい。

　A児は，自宅から盲学校に通う男児で，小学部3年に在籍している。A児の概要は以下のとおりである。

　眼疾は，先天性緑内障，片眼は0で，片眼は0.02，軽度発達障害がある。

　盲学校には電車で通学している。両親が働いており，朝は父親が，帰りは複数のボランティアが交代で，送り迎えを担当している。下校後は学童保育で生活し，父母のどちらかが迎えに行く。両親の都合がつかないときは，近所に住んでいる祖父母が迎え，どちらかの親が帰宅するまで，祖父母の家で過ごしている。

　身辺処理はほぼ自立している。使用文字は，1・2学年では普通文字（墨字）を使用していたが，学習量が増すにつれて，普通文字での処理に時間がかかりすぎることと，視力低下がみられたことなどのため，点字学習を開始している。3年生になって点字50音が読めるようになった。算数は繰り上がり，繰り下が

りのある加減算が理解できるようになったところで、そろばんの学習を進めている。言語でのコミュニケーションは十分できるが、気になることがあると同じことを繰り返して質問してくる。また、時間にもこだわりがあり、思っていたとおりにスケジュールが進行しないと不機嫌になったり、パニック状態になったりして落ち着かなくなる。また、眼圧の状態が気分に影響を及ぼすことがある。

休日は、父親と一緒にいろいろな路線の電車に乗ることが習慣化しており、本人もそれを楽しみにしている。

2）個別の教育支援計画の一例

A児に対する個別の教育支援計画を表4-3のように作成した。

本ケースの場合、将来を見据えた支援の在り方と、他機関との連携による支援の在り方の両側面から、次のような点に留意して計画を作成することにした。

ア．将来を見据えた支援の観点

ア）本人の願い・保護者の願い

本児の場合、学校外の生活で保護者以外の人々とかかわることが多い。そこで、共通理解をもって、本児が安定した人間関係が築けるようにするため、保護者と協力の上、学校がその調整役を務めることにした。

イ）長期的視点からの支援

保護者は、本児が自立した職業生活ができるようになることを望んでいる。本児のように視力的にも学力的にもボーダーな領域にいる児童の場合、これまでのケースから進路の選択の幅が意外に狭く、自立可能と思われるケースでも施設に入所せざるを得ない場合も出てくるという実態がある。そこで、現実を見据えつつ、保護者や本人の希望に向かって歩んでいけるような情報の提供を心掛けることにした。また、本人も保護者も音楽に関心が強いので、学校の教育計画においてもこの点を発展できるように留意することとした。

ウ）常用文字

常用文字は、将来的には点字にすることが望ましいと思われるが、視覚活用が可能な限り、漢字の読み書きを中心に普通文字の学習も進める。

1．視覚に障害のある児童生徒の事例

表4－3　個別の教育支援計画

児童生徒プロフィール		記入者	
児童生徒名	A児　　　　　　　性別　男	生年月日	年　　月　　日　　歳
保護者名	○○　○○	連絡先	TEL：
前担当者	○学校　○教諭	連絡先	TEL：

現在の生活・将来の生活についての希望	
（児童本人の希望） **学校生活** ・送り迎えはお母さんにしてほしい。 **家庭生活** ・電車の音が大好き。電車のおもちゃでずっと遊んでいたい。 ・キーボードで覚えたメロディを演奏するのが好き **余暇活動** ・休みの日は電車に乗って，いろいろな路線のアナウンスを聞きたい。 **地域生活** ・小学校の友達ともっと遊びたい。	（保護者の希望） **学校生活** ・音楽に親しんでほしい。点字が上手に読めるようになってほしい。 **家庭生活** ・予定の変更に適応しにくい。うまく聞き分けてほしい。 ・小学部の間に家から最寄り駅まで一人で歩けるようになってほしい。 **余暇活動** ・地域でたくさんの友達と触れ合い，いろいろな人と話ができるようになってほしい。 **地域生活** ・送り迎えのボランティアの人と楽しく過ごしてほしい。 **進　路** ・学校卒業後は何かと自分で収入を得て生活ができるようになってほしい。

必要と思われる支援内容
・眼圧の管理と安全への対応。
・学校外で保護者以外がかかわるので，情報を共有し，互いに協調して子どもに対応する。
・日常生活でのスケジュールがイレギュラーになると，不安傾向が高まり，活動に集中できなくなる。ときとしてパニックを起こす。対応させて，学校での生活を充実させたい。
・長期的視点に立った情報提供と基礎的な生活及び学力の形成。

支援の目標
・眼科医との連携を密にし，眼圧に影響を及ぼす活動に十分配慮する。
・時間への関心が強いので，それを大事にするが，過度のこだわりを減少する。
・小学部卒業までに白杖を活用して，日常生活ルートの歩行ができるようになる。
・高学年では主たる学習文字を点字に切り換え，普通文字も併用する。

学校の支援
・学校でのスケジュールを朝の段階で確認する。スケジュールの変更はできるだけ事前に伝える。
・ボランティアや学童との連絡を密にして時間の調整を図る。
・音楽の関心を深めさせるよう学校生活や活動で配慮する。
・学校内でも多くの教員や友達とかかわり合うよう時間割などを工夫する。
・点字でのコミュニケーションもできるように母親をはじめまわりの人間が点字ができるように支援する。
・将来の進路にかかわる情報を提供する。

支援機関の具体的支援				
家庭生活	余暇・地域生活	医療・健康・療育	前機関	その他
1担当者・連絡先 ア．良心 イ．送迎のボランティア 2支援の内容 ア．保護者も点字を覚え，子どもとメモのやりとりができるようにする。	1担当者・連絡先 ア．○○学童保育担当者 イ．○○小学校 ウ．算盤教室 2支援の内容 ア．日常生活動作，地域の友達との交流 イ．交流学習 定期的に年3回，その他行事活動など不定期に交流。 ウ．地域の算盤教室の経営者が盲人算盤に関心があり，指導を引き受けてくれる。週1日，祖父母が送り迎えをしている。	1担当者・連絡先 ア．○○大学附属病院眼科 イ．○○大学附属病院小児精神科 2支援の内容 ア．月に一度通院，検診と薬の処方を受ける。 イ．不定期であるが，本児の音や時間へのこだわりについて相談を受けている。	1担当者・連絡先 ア．○○保育園・○○教育委員会 2支援の内容 ア．卒園後も見学等を通して学校に本児や地域にかかわる情報を提供	1担当者・連絡先 ア．地域福祉センター イ．介護サービス事業（支援費） 2支援の内容 ア．障害児手帳交付 イ．日常生活用具の給付 ウ．学童の迎えに，祖父母の都合がつかない時

イ．関係機関との連携の観点

ア）眼科医及び小児精神科医との連携

本児のような場合，眼圧の状態がその日の気分にも大きく影響するため，主治医との連絡を密にし，学校での活動についても，両親を通して逐次相談し，アドバイスを受けている。

イ）通学支援のボランティア・学童保育との連携

基本的な生活動作などの対応や本児への対応の仕方などについて，日替わりで通学を支援しているボランティアや学童保育の担当者に共通理解をもってもらうため，保護者を交えて定期的に情報交換を行う。

ウ）家庭との連携

本児の場合，視覚管理が非常に大切であり，学習面でも家庭の協力が不可欠である。両親が働いているため，他の児童に比べると担任が保護者と直接言葉を交わす機会が少ないため，電子メールを活用するなどしてできるだけこまめに連絡を取るようにする。

エ）居住地小学校との連携

保護者は小学部就学時に居住地の小学校への入学を強く希望していたこともあり，現在の居住地の小学校との交流を希望している。また，本児の社会性の育成という観点からも同年齢の児童と交流することに意義があると思われる。本児の心理面に配慮しながら，該当の小学校に協力を依頼する。

オ）福祉事務所との連携

日常生活用具の支給や諸サービスを受けるためには，福祉担当者との連携が欠かせない。保護者に福祉に関する情報を提供するとともに，必要な場合は，学校の窓口担当者が連絡を取っておく。

(4) 今後の課題

盲学校における個別の教育支援計画の実施は，まだ緒に就いたばかりである。様式を整えたり，校内体制の整備を進めたりしている段階の学校が多く，平成17年度以降，実際に実施を始めてから様々な課題が見えてくるものと思われる。

1. 視覚に障害のある児童生徒の事例

　特に，これまで述べてきたように，盲学校の在籍児童生徒は，年齢，障害の程度，受障の時期，視覚障害以外の障害とその程度などが幅広く，連携の必要な外部の機関も多岐にわたっている。また，全県を圏域とするなど，対象とする地域の範囲も他の障害種別の学校に比べると，広域をカバーしなければならないなどの特徴をもつ。

　こうした状況において，盲学校が学齢期の幼児児童生徒の「個別の教育支援計画」を作成し，責任をもって対応していくことは容易なことではなく，行政面での強力なバックアップも必要になってくる。しかし一方，盲学校においても，個別の教育支援計画は，社会全体で視覚障害児・者を支えていくためのツールとして大きな意義があるのだということを教員一人一人が理解し，学校全体で取り組んでいけるような体制作りを進めていくことが大きな課題であるといえる。

　本稿を執筆するに当たっては，石川県立盲学校，鳥取県立盲学校，鹿児島県立盲学校，神奈川県立平塚盲学校，秋田県立盲学校，広島県立盲学校，群馬県立盲学校等から得た情報を参考にさせていただいた。また，個別の教育支援計画のモデル案の作成に当たっては，筑波大学附属盲学校増岡直子，佐藤知洋両教諭の協力を得た。付して謝意を表する。　　　　　　　　（大内　進）

〈文献〉
中央教育審議会初等中等教育分科会（2004）「特別支援教育特別委員会（第13回）配布資料　資料2『第2章　特別支援教育の理念と基本的な考え方』」
神奈川県教育委員会（2005）『支援が必要な子どものための「個別の支援計画」——「支援シート」を活用した「関係者の連携」の推進』
松端克文（2004）『障害者の個別支援計画の考え方・書き方』日総研出版
21世紀の特殊教育の在り方に関する調査協力者会議（2001）「21世紀の特殊教育の在り方について（最終報告）」
内閣府（2002）「障害者基本計画」
内閣府（2002）「重点施策5カ年計画」
特別支援教育の在り方に関する調査研究協力者会議（2003）『今後の特別支援教育の在り方について（最終報告）』
全国特殊学校長会編（2004）『盲・聾・養護学校における「個別の教育支援計画」について』ジアース教育新社

4章　個別の教育支援計画の作成・実践例

2．聴覚に障害のある幼児児童生徒の事例

(1) 個別の教育支援計画作成の意義

　聾学校においては聴覚に障害のある幼児児童生徒を支援するために，これまでも種々の関係諸機関との連携を図ってきている。個別の教育支援計画が，今後関係諸機関との連携のためのツールとして機能していくならば，これまで以上にその連携が密接になることが期待できる。知的障害や肢体不自由をあわせる聴覚障害幼児児童生徒の場合は，コミュニケーションの領域以外において，養護学校の支援内容に準ずるといってよい。聴覚障害のみのある幼児児童生徒の場合は，他障害で重要視されている医療的ケアや余暇活動よりも，就学や就職に向けての支援に重点が置かれることになる。そのため，「個別の就学支援計画」「個別の移行支援計画」の作成や関係諸機関との連携作りが今後の重要な課題となるのである。

(2) 個別の教育支援計画作成の組織と手順

1) 東京都における「特別支援教育推進化構想」

　都立Aろう学校の事例を取り上げるに際して，まず東京都の全体的な構想について概観しておきたい。東京都においては，東京都心身障害改善検討委員会の報告（平成15年12月）に基づき，東京都特別支援教育推進計画（平成16年11月）が策定された。この計画は，「エリア・ネットワーク」構想（図4-1）を基盤にし，①エリア全体の連携体制であるエリア・ネットワーク，②パートナーシップ，③特別支援プロジェクトの三つの支援体制からなる。エリア・ネットワークとは，障害のある児童生徒等やその保護者に対して総合的な支援を行うための地域性と専門性を備えたシステムである。各区市町村を基礎的な単位として，教育，保健・医療，福祉，労働等の関係機関や専門家がネットワークを構築する「特別支援プロジェクト」と，都立盲・ろう・養護学校等と地域の

2．聴覚に障害のある幼児児童生徒の事例

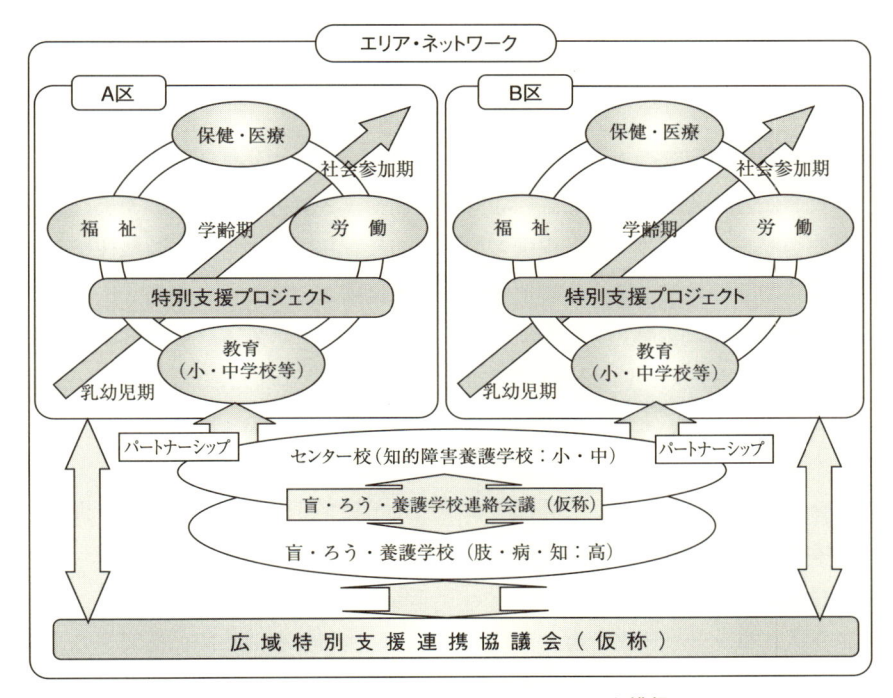

図4－1　東京都のエリア・ネットワーク構想
出典：「東京都特別支援教育推進計画——一人一人が輝く特別支援教育の創造をめざして」（東京都教育委員会）平成16年11月

　幼稚園，保育所，小学校，中学校，高等学校等が日常的な連携体制を構築し，障害のある児童生徒等の教育内容・方法等の充実を図る「パートナーシップ」が主な機能である。それぞれのエリアにおいて，都・区立知的障害養護学校（小学部・中学部設置校）を「センター校」として指定し，都と区市町村の役割分担を踏まえた新たな連携体制を構築する。センター校は，各エリア内の区市町村教育委員会と緊密な連携を図り，小・中学校，幼稚園，保育所，都立高校，保護者，都民等が抱えるニーズを把握するとともに，それら地域のニーズに適切に対応できる支援策について調整・実施する。また，センター校は，都立盲・ろう・養護学校等間の連携を強化するため，周辺の盲学校，ろう学校，

養護学校(肢体不自由,病弱等)とともに「盲・ろう・養護学校連絡会議(仮称)」を行い,地域の特別支援教育推進のための中核的機関としての役割を果たす。すべての都立盲・ろう・養護学校等がその専門性や施設・設備を生かし,地域の特別支援教育のセンター的機能を発揮し,地域の幼稚園や保育所,小・中学校等からの要請に応じた巡回相談の実施や,教育内容・方法の充実に関する研修会や合同研究の実施,保護者等からの教育相談への対応,地域住民や都民への特別支援教育に関する理解啓発や情報提供などを行う。また「広域特別支援連携協議会(仮称)」を設置して,教育庁,福祉保健局,産業労働局,厚生労働省東京労働局,関係団体(区市町村,経済界,医師会,福祉団体,保護者代表等)の連携によるネットワークを作り,地域において障害のある児童生徒等のライフステージに応じた効果的な支援を実現するため,各関係機関相互の連絡・調整や区市町村の関係部署との連絡・調整等を行い,全都的な視点に立って特別支援教育の推進体制を整備することになっている。

2) 特別支援コーディネーター

エリア・ネットワークを有効に機能させ,地域の学校間や関係機関等の連携を深めるため,各学校に特別支援教育コーディネーターを置く。センター校の特別支援教育コーディネーターに限っては,エリア・コーディネーター(仮称)を兼ね,都民等からの直接の窓口となるとともに,ネットワークを形成する特別支援学校や小・中学校の特別支援教育コーディネーター及び専門家等と連携し,要請に応じて適切な専門スタッフの派遣や巡回指導等について調整を図る。学校数が少ない各特別支援学校(視覚障害,聴覚障害,病弱虚弱等)は,エリアを越えて,全都的にそれぞれの障害種別の専門性を発揮することになる。またエリア・ネットワークを活用し,都民や小・中学校等に対して,これまで各学校単位で行っていた理解啓発等の活動を一層充実させていくことが期待される。

3) 個別の教育支援計画

今後,障害のある子どもたち一人一人のニーズに応じて,乳幼児期から学校卒業までの一貫した支援を教育,福祉,医療,労働などが連携して行えるよう

「個別の教育支援計画」を作成していくことなる。その際，特に地域社会に生きる個人として，各関係機関が連携協力体制を支援していくための道具（ツール）としての役割が期待されている。都立盲・ろう・養護学校においては個別指導計画検討委員会を設け，「個別の教育支援計画」の内容やその活用方法を検討中であるが，関係機関との連携の効率化を図るために，都立盲・ろう・養護学校の「個別の教育支援計画」に盛り込むべき内容を下記のように統一することにした。また，乳幼児期の「個別の就学支援計画」と，就労を前にした「個別の移行支援計画」は個別の教育支援計画の一部であると規定している。

○本人のプロフィール　○本人及び保護者の「現在・将来についての希望」
○支援目標・必要と思われる支援　○学校の支援　○支援機関の支援
○支援内容の評価と課題　○支援会議の記録

4）Aろう学校での取り組み

　Aろう学校は都内のA区，B区，C区，D区を通学区域としている幼稚部・小学部・中学部一貫校である。B区に知的障害養護学校1校，C区に肢体不自由養護学校1校，知的障害養護学校1校と1ブロックに4校の都立心身障害学校を有している。本年度の取り組みは以下のとおりである。

ア．学校運営連絡協議会委員を地域や関係諸機関の担当者で構成

　本年度の学校運営連絡協議会の委員を，特別支援教育担当の大学教授，A区保健センター長，D区難聴学級教員，A区図書館司書，町内会副会長などに依頼し，地域や関係諸機関との連携の糸口作りを図った。

イ．「聞こえと言葉の相談会」の実施

　夏期休業中に通学区域の幼児児童生徒を対象に「聞こえと言葉の相談会」を実施している。本校幼稚部を卒業して小学校に在籍している児童生徒の継続的な相談が多く，教員が参加する場合には，補聴器の調整や発音指導などの専門的な内容について助言している。このような活動を難聴学級教員とのパートナーシップ確立の手がかりとして，今後地域の難聴児についての情報交換や就学相

談などの強化へとつなげていきたい。本年度はB区知的障害養護学校とC区肢体不自由養護学校在籍児の相談に当たって，保護者だけでなく教員も同行してもらい，コミュニケーション指導や補聴器の活用法についての助言を行った。また，継続した聞こえの検査等や，養護学校を訪問した具体的場面でのコミュニケーション指導の方法についての助言を行うこともある。

ウ．特別支援教育研修会の実施

今年度はA区教育委員会との共催で「特別支援教育研修会」を実施し，区内の小・中学校教諭のみでなく，通学区内の難聴学級にも参加を募った。「特別支援教育について」「発達検査について」「補聴器について」と3回の研修会を行い，研修後，A区・C区の難聴学級の教員や聴覚障害児が在籍する学級担任との情報交換をしたり，C区教育センター相談員と今後の就学支援体制や個別の就学支援計画の在り方について話し合うことができた。また，校内でも「聴力検査」と「補聴器の調整」についての特別支援教育研修会を実施した。

エ．次年度に向けて

次年度は校務分掌である進路就学相談委員会を母体にして「地域支援部」を設置し，関係諸機関との連携などの特別支援教育の体制作りを推進していく。構成員としては，主幹，進路指導主任，自立活動担当教員，乳幼児教育相談担当教員，各学部教員からなり，主幹が特別支援教育コーディネーターの役割を担う。しかしながら，実際には地域支援部の全構成員でコーディネートに対応しなければ，その機能を果たしていくことができない。「個別の教育支援計画」の様式や記入内容の検討のために，本年度すでに，個別の教育支援計画作成委員会を組織している。3月までには担任が中心となり「個別の教育支援計画」を作成し，次年度の担任に引き継ぎをする予定である。

(3) 具体的事例

1）幼稚部「個別の就学支援計画」
ア．個別の就学支援計画の作成

聾学校の幼稚部には高度難聴児のみでなく，中等度難聴児をはじめ，知的障

害や肢体不自由のある幼児などが在籍しており，障害の状態は様々である。中等度難聴児の多くは，幼稚部2年から週1回の幼稚園との交流を始め，幼稚部3年では小学校への就学を考慮して交流の回数を増やしていくケースが多い。また，高度難聴児であっても小学校に就学を希望する保護者も少なくない。交流を進めるに当たっては，コミュニケーション能力や言語力，または社会的な能力の発達を待たなければならないケースもあり，保護者と十分話し合うだけでなく，自校の担任と交流校担当者が互いに授業参観・ケース会議を行い，幼児の状態を十分に把握することが必要である。進路指導に当たって，Aろう学校では，幼稚部3年の一学期に保護者による難聴学級見学や本校幼稚部を卒業して小学校に在籍している保護者との座談会などを実施している。また，7月には就学に関する個人面談を行い進路相談を進めている。その後，就学前の各区の就学相談が行われるわけであるが，相談を円滑に進めていくためには，以上のような幼児の今までたどってきた経過理解が不可欠である。したがって，「個別の就学支援計画」の作成に当たっては，それまで行われてきた支援内容を時系列に記録していくことが望ましいと考える。

イ．個別の就学支援計画の一例

Aろう学校においては，個別の就学支援計画の書式の検討が十分に進んでいないため，鹿児島県総合教育センター指導資料（平成16年5月）を参考に個別の就学支援計画の書式を作成し，今まで行われてきた指導事例を記入することによって，できるだけ望ましい方向を模索することにした（105頁・表4－4，106頁・表4－5）。

具体的な個別の教育支援計画は，表面に幼児の発達状況や配慮事項・教育歴について，裏面に就学にかかわる見学・相談の履歴，関係諸機関の支援内容・意見等を記入する書式を採用した。当然ではあるが，関係諸機関との連携の資料にするための個別の就学支援計画は，外部資料となるため記入された内容について事前に保護者の確認と承認が必要である。

　ア）幼児の状態像

進路の決定や幼稚園や小学校などの転校・進学先での支援内容を検討する資

料にするため,「基本的生活習慣」「行動・社会性」「学習状況」「運動機能,検査結果等」などの現在の幼児の状態や配慮すべき事項を記入する。特に聴覚障害においては,聴覚口話や手話などのコミュニケーション手段や能力,補聴器や人工内耳を装用することによる言語環境への配慮について記入する必要がある。聴力検査（裸耳・装用），発音明瞭度検査，言語及び知能検査の結果を記入することにより，集団の中でのコミュニケーション方法や学習時における課題などの支援内容を就学先で検討する資料となる。特記事項においては，滲出性中耳炎やアトピー，食物アレルギー，てんかんなど身体面での配慮や支援が必要な内容を記入する。事例（表4-4）においては，特に発音が不明瞭であることにより今後起こるであろう人間関係の問題や，滲出性中耳炎になりやすいことによる医療的配慮について，分かりやすく記述している。

　　イ) 他機関での支援状況

　病院や療育機関，交流保育園・幼稚園，相談機関との履歴を時系列で記入し，就学までの支援の流れを把握できるようにするとともに，就学後も関係諸機関と円滑に連携ができるように配慮して記入する。この欄においても保護者に対して十分な連携を図り，内容について確認する必要がある。

　　ウ) 本人の願い・保護者の願い

　本人の願いは保護者が代弁することになるが，就学の希望というよりも，どのような集団で，どのような場面での活動や生活を好んでいるかということを記入することにより，就学後の望ましい教育環境を検討する資料とする。保護者の願いの欄には，就学の希望や理由について記入するが，決定しかねている場合は現段階での思いを記入すればよい。

　　エ) 担任の意見

　幼児の状態を総合的に判断して，就学に際する支援をどのようにしていけばよいかという意見を記入するものであって，具体的に就学先を決定する意見を書くわけではない。

　　オ) 就学までの相談・見学等

　就学を見据えたケースが多いので，幼稚園等との個別的交流は，いつから開

2．聴覚に障害のある幼児児童生徒の事例

始したかを記入する。また，小学校や難聴学級，養護学校などの見学・相談は，学校として実施したものだけではなく，保護者が個人的に行ったものについても記入する。この事例では，交流の回数を徐々に増やして幼稚部3年の2学期から幼稚園に移籍している。その後はろう学校へ月に1回の教育相談を継続し，子どもの心理状態の把握や聴覚管理・発音指導を行っている。

　カ）関係機関からの支援・意見等

　関係機関に見学・相談をした内容を記入し，保護者が個人的に行った場合でも，保護者に直接内容を聞くだけでなく，見学・相談校の担当者とも連携を取り，直接に内容を把握する。

表4-4　個別の就学支援計画（表）

機関名　都立○○ろう学校　　　　　　　　　　　　　記録者　○○　○○

氏名		○○　○○		性別	男	生年月日	平成○年○月○日
住所		東京都○○区○○　○-○-○					
保護者名		○○　○○					
幼児の状態像	基本的生活習慣	用便や着替え，食事など，介助が必要な場面もあるが，ほぼ身辺自立ができている。					
	行動・社会性	ゲームの場面などで負けると怒ってしまう等，まだ幼さはあるが，集団の中での行動には特に問題がない。					
	コミュニケーション	補聴器を活用してコミュニケーションがとれる。補聴器の特性から，遠距離や雑音の中での言葉の聞き取りは困難であり，配慮が必要である。					
	運動機能	サッカーや運動に関する遊びを好み，機能的な問題はない。					
	検査結果等	平均聴力（右）85dB（左）90dB 発音明瞭度70％で摩擦音が拗音化する。 WPPSI知能検査では動作性・言語性とも問題なし。					
	その他	滲出性中耳炎が起こりやすく，聴力低下を防ぐために早期発見と治療が必要である。					
他機関での支援状況及び情報		・平成○年○月まで○○療育園（担当ST○○）で発達相談を受ける。 ・○○大学附属病院耳鼻科（担当医○○，ST○○，TEL○○-○○○○）において定期検診（聴力検査中心）を受けている。 ・平成16年4月から週1回○○幼稚園へ通園し，同9月からに週2回。 ・平成16年9月から○○幼稚園（園長○○，担任○○，TEL○○-○○○○）へ移籍し，本校は月1回の教育相談となる予定。					

4章　個別の教育支援計画の作成・実践例

表4-5　個別の就学支援計画（裏）

機関名　都立○○ろう学校　　　　　　　記録者　○○　○○

本人の願い 保護者の願い	・集団的な遊びを好み，幼稚園での生活が好きである。 ・幼稚園での生活に慣れさせて，小学校へ入学したい。		
担任の意見	・学級中では，聴覚を活用し会話もスムーズであるが，就学に当たっては保護者と話し合い，慎重に検討しなければならない部分もある		
就学までの相談・見学等の記録	期日	相談・見学先	結果や感想等
	平15.4.1	A区立○幼稚園	今後，交流の回数を増やしたい。
	平15.11.24	A区立○幼稚園	転校を希望したが，園長と話し合い，本校での言語指導を継続することとする。
	平16.5.19	B区立○小学校難聴学級	母学級に担当者がうまくかかわっていた。
	平16.6.10	A区立○小学校難聴学級	小学校から通級するのが少し遠いが，設備が整っている。通級指導を希望したい。母学級での難聴児の様子が見たい。
関係機関からの支援・意見等	期日	機関名	支援・意見等の内容
	平15.4.1	A区立○幼稚園	園での生活の様子によっては，回数を増やすことを検討する。
	平15.8.25	A区立○幼稚園	交流の回数を週2回。
	平15.11.18	A区立○幼稚園	園長，本校参観。
	平16.5.12	A区立○幼稚園	園の担当者，本校参観。
	平16.6.29	A区立○幼稚園	幼稚園で保育参観，担当者とケース会議。
	平16.7.10	A区立○幼稚園	幼稚園へ移籍を決定する。定期的に聾学校へ聴覚管理等の教育相談を継続する。

(秋山　篤)

2）高等部「個別の移行支援計画」

　聾学校高等部における就労に向けての移行支援では，労働習慣のもととなる基本的生活習慣，体力，学習習慣，責任感，計画の立案及び修正の能力，作業の能力及び持続性，忍耐力，日本語の力などが，中学校卒業までに受けてきた支援の結果として十分に備わっていることを前提条件としている。そして，就労するという強い意志をもち（モチベーションの維持をし）続け，周囲の支援を受けながら（移行支援），大きな壁を乗り越えて就労していくこととなる。しかし，聞こえないことを客観視することが不足したために，必要な支援を受けることを怠り，その結果として，移行時や移行後に本人が非常に苦労する結果に追い込まれることがある。こうした実情を，年次を追いながら検証してみる。

ア．高等部1年次における移行支援

入学相談時に将来の就労への希望の確認が行われるとともに，入学時（4月）より以下のような支援が行われる。

ア）出身中学校との連携による支援（4月から7月）

生徒の出身中学校の担任と連絡を取り，高等部入学以前の教育歴等について情報を得るとともに，中学校での個別支援計画を踏まえ，高等部でどのような支援を行う必要があるのかを調査する。また，保護者との面談を随時行い，家庭での様子や保護者の就労に向けての考え方などを早めに聞き取っておく。2年次からの専門教科の選択科目が就労先に応じて異なってくるので，将来の進路について，本人・保護者が自己決定できるように支援していく。

イ）主治医との連携による支援（通年）

聴覚障害以外に就労にかかわる疾患や2次的障害がある生徒の場合は，必要に応じて保護者の了解を得た上で，主治医と主障害（聴覚）や疾患，2次的障害など，身体面・精神面でのアドバイスを受け，今後の支援計画に資する。

ウ）事業所との連携による支援（11月）

職場見学会を行い，就労に対する生徒のもつイメージを具体化させる。また，卒業生による社会人としての生活全般に及ぶ講演会等を開く。事業所には該当卒業生の勤務時間内の出張に関しての取り計らいを依頼する。

エ）職業安定所との連携による支援（11月）

ヤングハローワークを訪問し，ビデオライブラリの視聴による情報収集の方法や，職業適性診断プログラムによる自己理解の方法などを知る。

オ）家庭との連携による支援（12月）

各家庭における子どもの自己理解の深化への支援，職業に関する情報収集の支援を，ア），イ）などをきっかけとして行う。学級担任・職業教育担当教諭・進路指導部が校内では連携する。

イ．高等部2年次における移行支援

1年次における支援の結果，職業に関する専門性の志向も明確になった時期なので，実社会生活により近づける支援が必要となる。

ア）障害者職業センターとの連携による支援（6月）

生徒と保護者を対象に，職業カウンセラーによる講習会（学校生活と社会生活の違い，学校と会社で認められることと認められないこと，学校と会社のルールの違い，会社はお金をもらうために仕事をしている，社会常識，今学んでおくべきこと，など）をセンターにおいて開催する。また，職業カウンセラーによる個別の進路相談も実施し，生徒と保護者の就労に向けた動機づけを確かなものにしていく。

イ）事業所との連携による支援（7月・8月）

夏期休業中に，1週間前後の体験実習を事業所にて行う。実習終了後には，事業所より実習評価表を送付してもらい，生徒と保護者にもフィードバックすることで，希望した就労に向けての課題を明確にし，今後の支援の内容や手立ての検討に役立てる。

ウ）家庭との連携による支援（12月・3月）

2回の進路四者（生徒・保護者・担任教諭・進路指導担当教諭）面談を行い，移行支援計画の中の本人と保護者の希望を確認・修正していく。

ウ．高等部3年次における移行支援

就労に向けての具体的な移行支援活動の時期となる。

ア）職業安定所との連携による支援（通年）

5月になると，公共職業安定所（ハローワーク）に求職登録をする。公共職業安定所の障害者就労担当者との個人面談が行われ，職種の希望や就労条件についての個別の聞き取りが行われる。この時点で，生徒と保護者が明確に希望を出せるようになっていなければならない。そのためにも，上記イのウ）での面談が重要となってくる。公共職業安定所は，求職登録の内容に基づき高校卒業予定生徒（新規学卒者）に対して就労を斡旋したり，社会人になるための講演会を生徒と保護者に対して開催する。

公共職業安定所は，職場実習を受け入れてくれる事業所や求人を出している事業所などの情報が集まってくるところである。求職登録や障害者就職面接会の時だけでなく，ふだんから家庭・学校との密接な連携が必要である。

また，退職した場合にも重要な役割を担うのが公共職業安定所であるので，その利用方法を在学中に生徒に伝えておくことも支援の一環と考える。

今後は，インターネットを使った求人情報の提供（Webサーナ）や，障害者の転職をサポートする事業所，障害のある人のための人材派遣会社等が増えてくると思われる。生徒たちが，自分に必要な情報を収集し判断できる力を在学中に育てておくことも，移行後の生活を支援する大切な一面である。

　イ）事業所との連携による支援（通年）

卒業学年次に至ってなお就労に向けての総合的あるいは個別分野ごとに力不足が生じている生徒は，事業所での長期（2～3週間）の実習を行い，早急に解決しなければならない問題を一層明確にし，取り組んでいくことになる。なお，この実習はあくまでも「体験」であり，採用を前提にしているものではない。また，採用に関しては事業所にすべての決定権があり，事業所との連携のもとに行われる「支援」とは一線を画するものである。

不足している力の主なものとしては，中学卒業までに付けておくべき力が高等部3年間で確立しえなかったことがまず挙げられる。自己理解の不足・生活自立の未熟さ（時間管理などを含める）・周囲の出来事から距離を置くことで自分の気分が害されないようにする習慣（自分の事として受け入れない）・「仕方がない」などの理由作りにより現実逃避を繰り返し問題解決への努力や工夫をしない・人間関係の構築をコミュニケーション手段の問題にすり替えていることに気づけない（筆談をすれば大丈夫という安易な発想）・障害があることで自分自身を無意識のうちに特別扱いしてしまう無自覚な差別・保護者の自分の子どもに対する理解不足と支援機関への全面的な依頼心なども，就労に向けての大きな障壁となっている。

　ウ）家庭との連携による支援（通年）

イ）における実習の実施に際しては，保護者の支援が大きな影響を発揮する。就労に向けて乗り越えなければならない壁を目の前にした時，叱咤激励できる唯一の存在だからである。基本的な生活の能力（電車の乗り方，困った時の筆談のお願いの仕方など）については，家庭を中心に支援し，小学校卒業までに

身につけさせておくべきである。

　幼稚部からろう学校に在籍している生徒は，健聴者が多数を占める集団での生活経験が乏しく，仕事を覚える以前に人間関係で不安になってしまう場合が多い。学校では交流教育，家庭では地域の人たちとのかかわりを通して，小さいうちから健聴者との良好な関係を築けるよう支援していく必要がある。

　また，ろう学校という小さい集団で競争のない世界で育った生徒たちは，競争や挫折の経験が少なく，会社に入っても些細なことで挫折し仕事を辞めてしまう場合も多い。成功体験だけでなく挫折体験もたくさん経験させ，自分を見つめ直したり，方法や内容を修正したりするなどの力を，小さい時から身につけさせる環境をあたたかい親子関係のもと，家庭生活の中で育成する必要がある。

　大人になっても自分の障害を理解し受容しきれない先天性聴覚障害者が多くいる。「生まれた時からなのだから，聞こえないということは当たり前」ととらえず，また聞こえないということを恥じることなく，障害に甘えることなく，一人の人間として堂々と自立して生きていけるよう，精神的な成長についても家庭，関連諸機関，地域の人々などで支援していく環境が大切である。

　エ) 福祉事務所との連携による支援（通年）

　補聴器等の用具類の支給や，緊急通報ファックス等の日常生活支援サービスや，要約筆記・手話通訳の依頼などは，卒業後は各自で行わなければならない。また，障害基礎年金の手続きも本人が行わなければ支給されない。そのために，在学中に，どのような支援が受けられるのか・どのような手続きで・どこに行けばいいのかといった情報を提供しておく。生徒が地域で自立して生活していくためには，地域の社会福祉士等との連携が不可欠である。卒業後，福祉制度下の支援が必要と思われる生徒については，生徒本人・保護者による福祉事務所訪問をし，社会福祉士等との連携を密にしておく必要がある。

　オ) 他の学校との連携による支援（通年）

　他のろう学校との情報交換，難聴学級との情報交換，身体障害者リハビリテーションセンター，障害者職業能力開発校等との情報交換を行い，生徒・保護者の自己決定のための情報を提供することも大切である。

2．聴覚に障害のある幼児児童生徒の事例

表4－6　個別の移行支援計画

本人のプロフィール						（記入者　〇〇　△△）	
氏　名	山田　太郎	フリガナ	ヤマダ　タロウ	生年月日		年　　月　　日	
住　所	〒			連絡先			
保護者		住所	〒	連絡先			
出身校	都立Bろう学校	担当	担任名を記入	連絡先			

将来の生活について
〈生徒本人の希望〉 絵を描くことが好きなので，デザインの仕事をしたい。また，パソコンが好きで，これまでパソコン操作の授業をたくさん選択したので，パソコンを使った仕事がしたい。 〈保護者の希望〉 本人の考えに任せている。本人がやりたい仕事で，大きな会社で安定しているところがよいと思う。

必要と思われる支援内容
・ヤングハローワークの資料などを利用して，本人が希望している職種の実情を知らせる。各職業についての具体的なイメージをもたせる。 ・事業所の見学などをして，現在の「やりたい」という気持ちだけでなく，10年後，20年後という長期の就労期間を見通して，自分との適性を考えることをうながす。 ・就労に向けてや就労後の定着において，家庭での支援が本人の気持ちの安定にもつながることから，非常に大きな背景となることへの理解をうながす。

具体的支援			
家庭	福祉事務所	公共職業安定所	障害者雇用促進センター
担当者：保護者名 連絡先： 内容： ・「安定」している仕事なら，本人が就労し続け，幸せな社会生活を送れるかどうか再検討するようにうながす。	担当者：所轄の福祉事務所担当者 連絡先： 内容： ・所轄地域に在住していることを知ってもらい，支援費制度や障害者年金制度などの情報の提供を受ける。	担当者：障害者雇用担当者 連絡先： 内容： ・いろいろな職域についての情報提供を受ける。 ・求職登録時の面接で，本人と保護者の就労条件への希望を，具体的に確定する。	担当者：職業カウンセラー 連絡先： 内容： ・職業ガイダンスを通じ，働くことの意味やいろいろな職場について，必要な作業態度，過程での支援などについての理解を，本人を含めて家庭に深めてもらう。 ・個別職業相談を行う。

備考　身体障害者手帳　種　級　（〇年〇月〇日交付）

私は，以上の支援を希望します。

　　　　　　　　年　　月　　日　　　　　　　　　　　　氏名（自筆）＿＿＿＿＿＿＿＿＿＿

カ) 聴能（補聴器の専門家），言語療法士（言語聴覚士）との連携

　企業就労を希望する場合，口話や読話の力を事業所側が必要とする。そのため，ふだんから，手話だけでなく声を出して話すこと・相手の話を読み取ることの練習が必要である。簡単な伝達内容であれば，筆談をしなくても意思の疎通ができる力を在学中に身につけておくためにも，言語療法士の支援が必要である。また，補聴器の性能も以前と比べると非常によくなってきている。常にいい状態で音声を耳に入れるためにも，聴能（補聴器の専門家）の支援も必要である。

（赤澤弘一・伊藤満美子）

(4)　今後の課題

　就学や就労にかかわる関係機関との連携は，これまで特定の学校や教員が，特定の機関や担当者と面識をもち，行ってきた実績はあるが，今後は適時・適切な情報提供や支援を行うために組織的支援体制を作り上げていく必要がある。しかしながら，就労や就学を控えた期間のみの支援体制だけで，幼児児童生徒の自己実現や社会参加を可能にするわけではない。各年齢段階において，学校や家庭教育で社会性，障害の認識，言語・コミュニケーション能力・学力など生きる力をいかに育て，支援していくかが本人の将来を大きく左右するのである。就学や就労を見据えて，いかなる教育をしていけばよいのかを再考し，さらなる教育実践を今後ますます深めていくために，個別の教育支援計画が大きな力を発揮することを期待したい。

（秋山　篤）

〈文献〉
東京都心身障害教育改善検討委員会（2003）「これからの東京都の特別支援教育の在り方について（最終報告）——一人一人のニーズに応じた教育の展開をめざして」
東京都教育庁（2004）「東京都特別支援教育推進計画」
全国特殊学校長会（2004）「盲・聾・養護学校における『個別の教育支援計画』について中間のまとめ」
鹿児島県総合教育センター（2004）「指導資料」『特別支援教育』133
東京都教育庁指導部（2004）「個別移行支援計画Q＆A応用編」『平成16年2月　第2年次実践研究報告書』

3．知的に障害のある生徒の事例

(1) 個別の教育支援計画作成の意義

　知的な障害のある児童生徒が地域社会の一員として，心豊かに生きていくためには，教育，福祉，医療，労働等専門家をはじめ，地域社会の様々な立場の人が連携して，生涯にわたり適切な支援・援助を行う必要がある。そのためのツールとして，「個別の支援計画」は，支援の内容を明確にし，本人の成長・発達や楽しく伸び伸びとした生活を促進するとともに，保護者をはじめ関係者に安心感を提供できるものと考える。

　現在，作成している「個別の指導計画」は教育課程を具現化したものであり，指導する教科や領域ごとに児童生徒一人一人の実態把握を行い，それに基づいて短期目標や長期目標を設定し，この目標を達成するための具体的な指導内容を明確にして，継続的で効果的な指導を図るものである。多くの学校で，自立活動以外の各教科・領域等においても作成され，指導の充実が図られている。しかし，児童生徒一人一人に対して，学校以外の専門機関や専門家，あるいは，地域生活を視野に入れた，ライフステージを見据えた計画は不十分であった。

　知的障害養護学校に学齢期に入学してくる児童の保護者は，乳幼児期の健診から始まり，福祉施設や療育機関，地域支援団体等とかかわりをもちながら育児を進めてきている。それらの情報は，各施設から市の教育委員会が主催する「就学相談会議」等にデータとして示され，就学先を考える情報の一部となることがある。就学先決定後は，福祉施設や療育機関の情報が保護者との相談のもとに在籍する学校に知らされる。しかし，就学前にかかわりのあった様々な機関や専門家，さらには地域社会の資源を在籍学校が引き継ぎ，これらと連携しながら，トータルに子どもの成長・発達を支援していく体制は必ずしも十分でなかったといえる。教育は学校に任せてほしいというスタンスが強かったきらいは免れない。このような状況の中で，保護者からは，就学前にかかわった

相談機関や療育機関との継続的関係を希望する声が聞かれる。

　学齢前から学齢期，さらには学校卒業後のトータルな支援・援助を継続的に考えていくために，「個別の支援計画」の作成が必要であるが，この「個別の支援計画」の学校版が「個別の教育支援計画」である。児童生徒の障害の状態が重度・重複化，多様化している状況においては，特に生涯にわたる支援・援助が重要となるため，生涯にわたり一人の知的障害者を関係機関や関係者が支援・援助するシステムを整えておくことが大切となる。その意味で，「個別の支援計画」や「個別の教育支援計画」は意義深いものであると考える。

(2) 個別の教育支援計画作成の組織と手順

　Y市では福祉関係が中心となり，地域のケア会議を定期的に開催し，障害児・者一人一人に対して，福祉・医療・教育面からの支援の検討を行っているが，今後は，支援がスムーズに実施されるよう，養護学校を中心とした特別支援教育のネットワークの構築も考えていきたい。以下，「個別の教育支援計画」に関する現状と今後望まれる取り組みについて述べる。

１）養護学校小学部への引き継ぎ

　校内の特別支援教育コーディネーターの役割を担う教員が中心となり，市の教育委員会と連絡を取りながら，福祉施設，療育機関，保育園等関係機関における情報を保護者の了解のもとに収集し，入学後の「個別の教育支援計画」を作成することが望まれる。これらの作業を効果的に行うためには，行政における教育と福祉等の具体的な連携（特別支援教育ネットワーク）の促進体制が必要である。

ア．引き継ぎの内容

　入学前の情報として，幼稚園，保育園，療育機関，通園施設等や保護者から，次のような情報を得る。

① 所属機関における支援内容（コミュニケーション手段，日常生活指導等）
② 家庭生活の様子（家庭での過ごし方，施設の一時利用等）
③ 余暇・地域生活の様子（休日の過ごし方，ボランティアとのかかわり等）

④ 健康・安全面に関する配慮事項等（健康や安全，食生活，医療機関とのかかわり等）

イ．入学後の支援の内容と役割

引き継ぎの内容（上記①～④）を知的障害養護学校で吟味し，今後の支援内容や担当機関，実施期間等について関係機関と話し合う（特別支援教育ネットワークの活用）。小学部入学後1年間の「個別の教育支援計画」作成の具体的な作業は，Y市教育委員会が中心となり，各施設，保育園等の協力を得て，知的障害養護学校において行うことが望まれる。

2）養護学校小学部・中学部・高等部での対応

Y市の養護学校においては，市の養護施設の職員，市の福祉施設，内科・外科・精神科等の校医，市の障害児教育相談員（心理・医療面），市立小・中学校等との連携が可能であり，対象児童生徒の教育ニーズに応じてどのような機関や専門家と連携するか選択することとなる。現状では，年間で2～3の専門機関との連携による実践により教育効果が見られるケースが多く，対象児童生徒のライフステージに合わせて，保護者とも話し合いながら計画的に他機関と連携して支援を進めている。

後述する事例は，養護学校中学部において，小学校特殊学級の担任，市の相談機関，児童相談所，地域の病院，地域の支援グループ等と連携を取り，学校生活や家庭生活の安定を図るために「個別の教育支援計画」を作成して取り組んだものである。「個別の教育支援計画」や「個別の指導計画」の見直しについては，対象児の状況変化に応じて担任が保護者と連絡を取り合い，学年のケース会議や関係の支援機関等の考えをもとに適宜進めた。医療機関や地域の支援グループと連携して，家庭生活の安定を重要な課題として緊急的に取り組んだ。校内の教育活動においても対象児と家庭生活の安定に向け，日常的・具体的に計画を見直した。

ア．学校内での個別的対応

Y市の養護学校においては，「個別の教育支援計画」作成の中心は学級担任としているが，内部情報として，学級・学年・学部等での話し合いや養護教諭，

栄養士との連携が大切なので，コーディネーター役の教員を中心として計画的・効率的にこうした話し合いを実施することとしている。

また，保護者との連携については，家庭環境も含め，日々の状況の変化等についての情報交換が必要なので，学級担任が様々な相談の窓口となっている。後述する事例においては，問題行動について校医を交えた話し合いを継続的にもち，この話し合いを踏まえて，母親，担任で対応策を協議した。また，校内のケース会議では，本児の問題行動改善の手立てについて，市の障害児教育相談員を招聘し，具体的な話し合いをもった。

イ．学校外の専門機関・専門家等との連携

学校外の専門機関・専門家との連携では，心理・医療・福祉・労働等の機関やその職員が対象と考えられる。心理・医療面では，一人一人の児童生徒の実態に合った対応を具体的に関係者で話し合い，「個別の教育支援計画」に記述し実施・評価する必要があることから，継続的な連携が必要となる。こうした外部機関との窓口は，校務分掌に位置づけられた個別の教育支援計画コーディネーターが担当することが考えられるが，全校で支える体制を整備する必要がある。後述する事例では，地域の支援グループと継続的に連携することで散髪ぎらいを解消することができた。また，児童相談所や校医との継続的な連携によって保護者の精神的な安定を図ることもできた。市の障害児教育相談員との連携を継続することで，指導内容や方法について改善も図られてきている。

3）「個別の教育支援計画」と「個別の指導計画」との関連

「個別の教育支援計画」は，福祉，医療，労働等の関係機関や専門家と連携して一人一人のニーズに応じた支援を効果的に実施するためのトータルな支援計画であり，「個別の指導計画」は，教育課程を具現化するために学校における教育活動の具体的目標，内容を詳細に示した計画である。つまり，「個別の教育支援計画」は，教育，保健，医療，福祉，労働等の関係機関が協力し，地域社会に生きる個人として，一人一人のニーズに応じた支援を連携協力体制のもとで実施していく道具（ツール）であり，「個別の指導計画」とはレベルを異にする。こうした点を踏まえて，後述する事例においては，簡潔で具体的な

記述により支援の内容を明確にし、保護者を含めた関係者が共通理解を図るためのものとして「個別の教育支援計画」を位置づけた。

　また、「個別の指導計画」は、「個別の教育支援計画」を踏まえて、教科や領域、あるいは活動ごとに一人一人の特別な教育ニーズに対応した、より具体的な指導の内容や方法、評価等が盛り込まれた日常の教育活動を明確化したものである。自立活動だけでなく、生活面・運動面・学習面・社会性等教育活動全般にわたって、担任を中心として作成している。長期目標については年間を通して取り組む内容を明記し、短期目標については前期・後期で設定している。評価は、年間を通して「個別の指導計画」の各項目ごとに担当教員が相談して行い、保護者とも共通理解を図っている。保護者・家庭のニーズに対して地域支援を含めた学校での取り組みも記載している。

(3) 今後の課題

1）「個別の教育支援計画」に関する教員の意識

　「個別の教育支援計画」の必要性に関する教員の意識は、現状において必ずしも高いものではない。学校以外の様々な専門機関や専門家、地域の資源等を有効に活用することにより、知的障害児童生徒の成長・発達をトータルに支援したり、生涯を見通した支援の連続性を確保したりすることができるわけであるが、そのよさを教員一人一人が十分に認識し、積極的に活用していこうとする構えが必要である。こうした必要性の認識を高める取り組みが大切である。

2）専門性の高い特別支援教育コーディネーターの確保

　「個別の教育支援計画」に基づく実践を深めていくためには、学校以外の専門機関や専門家、さらには地域の資源の有効活用が大切であるが、こうしたネットワークを構築することのできる力量を持ったコーディネーターを学校としてどのように確保していくかも大きな課題の一つである。

3）特別支援教育ネットワークの構築

　市立の養護学校においては、「個別の教育支援計画」を策定する上で、教育、福祉、保健・医療、労働などの関係機関が継続的に連携できるよう、教育委員

会が中心となり，養護学校をセンター校とした特別支援教育ネットワークを作成する必要がある。現状では，福祉サイドが中心となり，教育・福祉・医療等との連携によるケア会議が開催されているが，今後は学校を中心として「個別の教育支援計画」を作成・実施・評価するためのケース会議の実施が望まれる。

4）保護者との良好な関係

児童生徒の支援は，学校はもちろん家庭生活全般においても実施されている。障害者を生涯にわたって支援していく上での保護者の役割は大きい。そのため，保護者の意見を十分に聞くことができるシステムと，十分な協議を行える環境を構築する必要がある。学校教育段階においても，保護者との良好な関係を保つことが大切なので，この点に関する教員の認識を高めていく必要がある。

5）情報の開示と管理・保護

作成された「個別の教育支援計画」に関して，保護者や関係者はその内容を理解する必要がある。このため目標の設定や指導内容・方法，評価については，その過程も含めて関係者に開示し，特に保護者との共通理解を図ることが大切である。しかしながら，個人情報の管理・保護については，学校における危機管理体制を明確にし，市教育委員会とも十分連絡を取り合い適切な対応を図っていかねばならないと考えている。

(4) 個別の教育支援計画及び個別の指導計画の一例

〈事例〉 A（中学部2年，男，中程度の知的障害）

1）主 訴

① 表出言語が少ない。
② 家庭内で不安定になることが多く，家族に当たる行動が見られる。
③ 学校内では困った行動はないが，不安定になることがある。

2）行動の特徴

ア．小学校入学時～4年

① 低学年まで小学校の通常の学級に在籍。ささいなことで不安定になる場面が多く見られる。

3．知的に障害のある生徒の事例

表4－7　個別の教育支援計画

児童生徒のプロフィール			
児童生徒名	Aさん　　性別　男子	生年月日	年　月　日　歳
保護者名	＊＊＊	連絡先	TEL：○○
前担任者	○小学校特殊学級，○教諭	連絡先	TEL：○○

現在の生活・将来の生活についての希望	
（児童生徒本人の希望） ・休みの日はマクドナルドに行きたい。 ・お母さんが自分のことをずっと考えていてほしい。 ・同じ服を着ていたい。 ・散髪はきらいだ。	（家族の希望） ・外でいろいろな人に接し，刺激を受けさせたい。 ・外で簡単な手作業をやらせたい。 ・いろいろな服を着てほしい。 ・散髪をしてほしい。

必要と思われる支援内容

・将来の職業については，本人には「意思・要求の伝達」といったコミュニケーション面での課題があり，本人が楽しめるものを見つけるところまでは至っていない。気持ちの安定を図り，他者の指示を受け入れられる状況を作っていくことも課題である。
・小さな集団を好む傾向があるので，本人が自信のもてる活動場面の情報を紹介していく必要がある。

支援の目標

・地域の支援グループへの参加が始まり，スムーズにとけ込んでいるが，療育機関の入所体験など，支援サービス活用の拡がりを進める。
・本人の希望や特性を生かした進路選択ができる情報を提供する。

学校の支援

・服装，髪に対するこだわりを軽減する。卒業式はブレザースーツで参加できるように支援する。
・身ぶりサイン，絵カード等を使って意思の表出を図り，自信をもてるようにする。

支援機関の具体的支援				
家庭生活	余暇・地域生活	医療・健康・療育	前機関	その他
1担当者・連絡先 父，母，叔母	1担当者・連絡先 ア．○○支援グループ イ．出張理容師 　Y氏	1担当者・連絡先 ア．○○病院小児科 　○○医師 イ．障害児教育相談員 ウ．校医	1担当者・連絡先 ア．○○小学校 　特殊学級 イ．市教育相談員 ウ．学習指導員	1担当者・連絡先 ア．児童相談所 イ．放課後支援施設○○
2支援の内容 ・叔母の協力がある	2支援の内容 ア．週1回学校に迎えに来てもらい，放課後2時間過ごし，家庭に送ってもらう。 イ．散髪が嫌いなため1.5ヶ月に1回自宅に来てもらい散髪をする。	2支援の内容 ア．1.5ヶ月に一度母子で通院。主に問診投薬。担任とは電話・連絡帳で情報交換。 イ．校内のケース会議で問題行動の手立てについて助言を受ける。 ウ．医師，母親，担任，養護教諭で相談。	2支援の内容 ア．家族関係への理解 イ．保護者への教育相談 ウ．対象児への支援（算数・国語の指導）	2支援の内容 ア．障害児手帳の交付 イ．○○病院の紹介 ウ．放課後支援機関○○
3支援の期間 　○年○月～	3支援の期間 　○年○月～	3支援の期間 　○年○月～	3支援の期間 　○年○月～	3支援の期間 　○年○月～

備考　　中程度の知的障害の障害児手帳

私は以上の内容を確認し，了解しました。　　　　　　　年　月　日　氏名（　　　　　　）

4章　個別の教育支援計画の作成・実践例

表4-8　個別の指導計画

中学部2年（男子）　氏名（　　　）

（学期での年間重点目標）
- 服装、髪に対するこだわりを軽減する。卒業式は、ブレザースーツで参加する。
- サイン絵カードを使って意思の表出を図り、自信をもてるようにする。

（家庭での年間重点目標）
- 月1回くらいの間隔で髪の毛を切る。
- 同じ服装ばかりでなく、他の衣類も着てほしい。

（年間のまとめ）
- 励まし、誉めることにより、新しい服を着ることに対してのこだわりが小さくなった。
- 卒業式には、プレザースーツで参加できた。
- サインや絵カードを使って友達にも支援する協力してもらったら、次第に自発に自信がつき、声を出すようになった。

（年間のまとめ）
- 1.5ヶ月に1回の間隔で髪の毛をこまめに短く解し、散髪ができるようになった。
- 同じ服装については、色や形の種類が増えてきた。

項目	記入内容	実態（本人の興味・関心を含む）	保護者・家族のニーズ	長期目標	短期目標（前期・後期）	評価・まとめ
生活面	①着脱 ②食事 ③排泄 ④清潔の習慣 ⑤学校のトイレ ⑥安全の認識 ⑦計画の理解 ⑧その他	①たまに前後を間違えるが、一人で着替えなどができる。②好き嫌いはない。食べ方が辺いときもあり、記むことも。③声かけしてトイレに行くことにこだわりが多く、自分からは行かない。④排泄後の手洗いを忘れることが多い。⑤登下校時、一日散に走ってしまうことが多く、危険である。	体が大きくなって、服がきつくなったこともあるのか、脱いだり、脱がせてほしいと要求することが多くなった。服が濡れたのもかまわず、自分から着替えうとしないようになった。体を清潔にすることにまだに行がない。	②よく噛んでゆっくり食べる。食べ過ぎないように気をつける。スープ等、食器を持って食べる。⑥身の回りの清潔習慣（手洗い等）を身につける。	（前）休憩を入れて、ゆっくり食べる。（後）盛り付けるだけで食事する。スープ等、食器を持って食べる。（前）担任と一緒に行う。声かけとに行動が促されるようになる。（後）一人でトイレに行く。（前）友達を待って、走らずにゆっくり歩いていく。（後）登校したら友達がスクールバスから降りるのを待ち、一緒に教室へ行く。帰り・下校時、教室を出る前に友達と声をかけ一緒に歩く。	△声かけで、他児と食べる速度を合わせられるようになり、おかわりをしないで食事の量を通常にできた。△忘れているときがあるが、行動できるようになった。○個室を書いたカードを見て行動できるようになった。△一人でできるときも、手洗いを忘れる。×指示を聞かずに走り出す。○友達を待って、一緒に歩けるようになった。
運動・身体面	①健康状態 ②全身運動 ③手指の操作 ④持久力 ⑤その他	①やや体重が多い。②身体のバランス感覚が乏しい。走る、跳ぶ等の動きがスムーズでない。③指先の細かな操作が苦手。④全速力で突っ走り、疲れたら休むという走り方をくり返している。走るコースではないところを走ったり、逆走したりする。	もう少し外で遊んでほしい。一緒に外に散歩に行けるようになってほしい。	①運動量を増やし、体重を増やさないようにする。②歩く、走る、跳ぶ等のいろいろな動作の向上をさせながら身体イメージを高めるなかで基本的な動きのよさを体験する。③手先の細かな操作能力を養う。④一定の時間、走り続ける。	（前）（後）ラジオ体操を担任の模倣をしながらやる。（前）（後）昼休みにとアリーナで担任と一緒に運動する。（前）サーキット（基本的な動きや自転車乗り（バランス感覚の向上））（個別学習で取り組む）（前）担任と一緒に走る。（後）将来的には一人でコースで決められた時間走ってほしい。	△教室で音楽を聴いたり、体操したりして過ごすことが多かった。△正確でない動きもあるが、大まかな動きは覚えて動けている。△補助輪ナシで一人で乗れるようになった。○担任と一緒に走ることにとて、コースでの走ることを楽しむようになった。○友達と一緒に走ることができ、曲がるコースは自分で5分間は走り続けられるようになった。○全速力で走ることがなくなり、一定の速さで走れるようになった。

3. 知的に障害のある生徒の事例

領域	項目	実態	目標・内容	結果
学習面	① 基礎的な認知能力 ② ことば ③ 数 ④ 物へのかかわり ⑤ その他	言語による指示理解の中で理解していない部分が多い。 学校では発語はないが、家庭では、いくつかある。ひらがなの読み書きは、難しい。 発語は2語以上あり。 手先が器用で作業に集中できる。 「大きな古時計」は誤さそうに歌うことを声に出して歌うことができる。	何か質問をした時、反対の答えが返ってくるので、正しく答えられるようにではしい。	（前）（後）日常生活でよく使う言葉から、身振りサイン、絵カードや文字カードを使いながら、物の認知と言葉の理解を確実にするように取り組む。 トイレ、イス、コップ、車、待って、ありがとう、終わりと、大きな声で言う。 （前）（後）2分割絵合わせ ジグソーパズル（9、12ピース）、コップ並べ、ピース通し、タオルをたたむ等 （後）ボールペンの組み立て大・小のボールの分類 ⑤ 手先を使った作業になれ、集中して取り組めるようにする。	○ 担任と一緒に、身振りサインを使って言葉を発するようになった。覚えている言葉を発する時は、声の小さくなるが、何回か言うと大きな声で言う。 ○ 他に気が散らないようピースを作り、その中で作業をすると、落ち着いて取り組めた。ジグソーパズルについては、完成図を意識させながら、はげましの声かけると独力で取り組めるようになった。 ○ ボールペンの組み立て、玉入れなどを無理のない程度で取り入れようとしたところ、やり方を工夫して取り組めるようになり、達中で投げ出すことはなくなった。
社会性・コミュニケーション	① 対人関係 ② 集団参加 ③ コミュニケーション ④ 興味・関心 ⑤ 情緒 ⑥ その他	他の生徒の行動に手を叩いてはやしがち。 争議意識は強い。 集団の中で言葉は発することがない。 ぬいぐるみ大好き。料理の本を見るのが好き。 感情の起伏が大きい、音に敏感。 こだわりが強い。 衣服：同じものをずっと着ていたい。 髪：伸ばし放題でいてたいため、とかすのを嫌がる。 ・外に出たがらない。	やさもちを焼くことが多く、家族の団らんの時間が少なかった。 家族に対して行動が徴しく困っている。	① 友達とのかかわりを大切にし、楽しく過ごせる時間や場を増やす。 ①② 小集団の中で本人にとって自信のもてる活動を増やし楽しく過ごすようにする。 （前）（後）同じ目標で取り組んでいる友達と言葉やサイン、絵カードを使ったりしてコミュニケーションを楽しむ。 ⑤ 言葉やサイン、絵カードを使って、要求伝達の手段の拡大を図る。 （前）（後）衣服、靴：あまり抵抗をあけずにカットする。 髪：新しいものは、まず学校で楽しむ。 ⑤ 生活の幅を広げて家族でのストレスを減らす。	○ カラオケの場面で、一緒に歌を歌い、リクエストをして過ごすことができるようになった。また、車椅子の友達の手助けをすることで自信が持てるようになった。 ○ サインや言葉で要求を伝えるようサインを練習したり、そっと彼女持ち姿を取ったりすることが少なくなった。次の日は家庭で来てくれなかったとき、学校で持ち姿を練習した。 ・買い物学習やレストランの食事を楽しんだ。 ・学校に来てもらっている理容師が家庭に出張し、散髪に応じている。しぶしぶ納得し、散髪に出かけた。最初は拒抗し泣いていたが、今後は近くのバーガー店に立ち寄ることができるよう、出かけた。（ハンバーガー店に行き、その帰り出かけて以降、休みの日には洋服店に立ち寄ることができるようになった。） ・新しい服を着て練習を兼ねて、おつかいにレジでお金を払い、おつかいに出かけた。その時もらったハンバーガーを母親に見せ、いいんバーガーを家庭で母親と楽しんで食べた。それ以降、家庭での散歩の日数により出かけ、家族とは穏やかに過ごせるようになってきている。

② 中学年から特殊学級へ入級。特殊学級でも今まで以上に不安定になる場面が多い。

イ．小学校5〜6年
① 小学校高学年から祖母に当たる行動が見られるようになる。
② このころから学校で机を叩く行動が出はじめる。
③ 学校行事等で通常の学級の児童と交流すると不安定になる。

ウ．養護学校中学部入学〜現在
① 小学校卒業時に養護学校進学を希望する。
② 入学当初，学校での緊張が高く，家庭では祖母，母親に当たることが多い。
③ 中1の後半から，机を叩く等の行動が目立ちはじめた。また，大きな声等に過敏に反応して泣くことがある。
④ 家庭でも，思い通りにならないといらいらとする。次のようなこだわりが，いらいらを引き起こす要因になる場合が多い。——室内に洗濯物を干す場所が同じでないといけない。ジャンパー等のボタンはすべて掛けていなければいけない。車に乗っている時，ラジオをつけてはいけない。
⑤ 散髪が大嫌いで，小学生の時は髪を伸ばし放題にしていた。そこで，学校に理容師を呼び，散髪を経験させた。現在は，自宅に同じ理容師が通って散髪をしている。
⑥ 中2前期までは毎日同じ服しか着られなかったが，その後他の服も着ることができるようになり，季節に合った装いができるようになった。
⑦ 家庭で話す言葉は，「見て」「これこれ」「やって」である。学校では，「ウー」「フン」で言葉にはならない。

3）個別の教育支援計画

　中学部入学後，担任が，保護者や前担任からの情報をもとに「個別の教育支援計画」を作成した（119頁・表4－7）。具体的な支援については，対象児の課題に対して，担任とコーディネーター役の教諭が中心となり，保護者と十分な話し合いをもって対応策を検討するとともに，医療，福祉機関等と連携して情報を収集したり，支援の協力依頼をすることとした。

4）個別の指導計画

　表4-7の「個別の教育支援計画」をもとに，校内での具体的な取り組み内容・方法を短期目標に記入し，学級・学年で共通理解を図り，保護者と連携して具体的な支援を実施した（120～121頁・表4-8）。保護者とは日常的に連絡を取り合うことで，家庭生活における家族のニーズを理解し，学校での対応を考えた。

　こうしたきめ細かな対応によって，Aの行動等に改善が見られるようになっている。

（荒木順司・沼田弘子）

4．肢体不自由の生徒の事例

(1) はじめに

　肢体不自由養護学校においては，重複障害児童生徒の在籍比率が非常に高い状況にあるが，近年では特に，日常的な医療的ケアを要する児童生徒に対する教育的支援をどのように展開していくかが，大きな課題となっている。

　この点については，平成16年10月に厚生労働省が一部の医療行為を盲・聾・養護学校教員にも認める決定を示し，平成10年度よりモデル事業を展開してきた文部科学省もこれを追認したため，肢体不自由養護学校の現場においては，特に医療分野を主とする他分野との連携が，これまで以上に重要となってきている。

　文部科学省発行の『特別支援教育資料』によれば，平成15年5月現在，肢体不自由養護学校の小・中学部における重複障害学級在籍率は74.8％となっている。これは盲・聾・養護学校の中でも抜きん出た数字であるが，とりわけ知的障害を伴う児童生徒が肢体不自由養護学校に多数在籍する現状を示している。

　以上のような点を肢体不自由養護学校の実態として押さえた上で，事例の検討を通して，より効果的な「個別の教育支援計画」の作成と活用につながる手

がかりを得たいと考えた。

事例対象者は高等部に在籍する生徒であるが、前半においては主に校内における取り組みを中心に紹介し、後半においては校外で展開する情報交換の場作りの活動を通して、本事例にどのようにフィードバックしていったかを紹介する。検討の視点は高等部教員としてであるため、「個別の指導計画」と「個別の移行支援計画」との関連についても検討したい。なお、本事例については、個人のプライバシーへの配慮から、一部事実と異なる表記となっている点にご留意いただきたい。

以下に述べる支援計画について、関連図を図4－2に示すこととする。

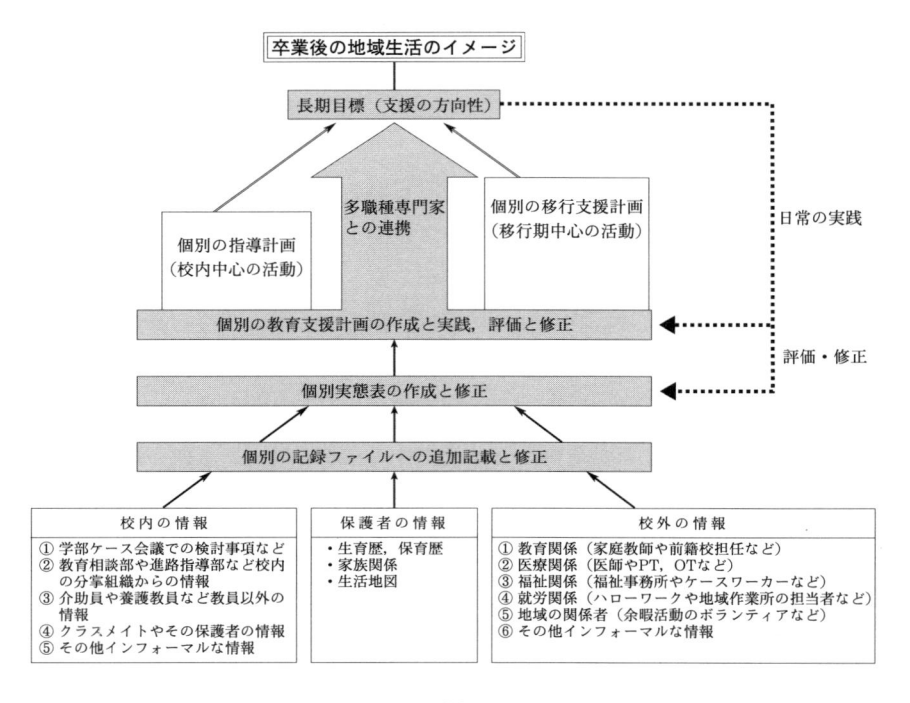

図4－2　支援計画関連図

(2) 校内における取り組み

1）事例のプロフィール

事例として取り上げたAは，肢体不自由養護学校に在籍する高等部3年女子である。診断名は脊髄損傷による四肢機能障害で，主な移動手段は電動車いすである。障害者手帳は1種1級である。義務教育段階においては，地域の小・中学校の通常の学級に在籍し，高校進学では肢体不自由養護学校を選んだ。知的障害の他に，医療的ケアの面では自己導尿の確立という身体的課題がある。

2）個別の教育支援計画作成への取り組み

ア．入学時の情報収集と実態把握

高等部1年入学時の情報とともに，主に以下のア）からオ）によって情報を収集し，これらを「個別の実態表」としてまとめた（表4-9）。

ア）「個別の記録ファイル」の作成

入学願書や検査結果など入試資料からAのプロフィール概要を整理し，新学期の対面時より観察を開始した。1年目は授業を担当しなかったので，担任としては，朝の会と終礼，給食時や休み時間等の様子を中心に観察し，その日気づいたことなどを記すメモを作成して「個別の記録ファイル」に保管した。

「個別の記録ファイル」とは，クラスの生徒一人一人にそれぞれ角2封筒を作り，封筒の右上に生徒名をマジックで書いただけのものである。以前はA4サイズの2穴ファイルを用意して男女に色分けして作成し保管していたが，医療機関との連絡文書や進路関係の情報，成績一覧など各種書類の大きさがまちまちであったり，いちいち2穴パンチで穴をあける手間がかかったりして個別記録が散乱しやすかった。このため，よりシンプルに作成・保管できる方途を考え，あらゆる種類の個別書類をそれぞれの生徒用の角2封筒にそのまま入れるようにした。封筒から取り出す時，常に一番上（手前側）にある文書が最新のものとなるようにして封筒にしまうようにしたところ，個別の記録管理が非常にやりやすくなった。

この「個別の記録ファイル」のメリットはいくつかある。一つめは，日常使

4章　個別の教育支援計画の作成・実践例

表4-9　個別の実態表

I	個人情報	
	1　氏名と性別	A子・女
	2　生年月日	※
	3　住所と連絡先	※
	4　診断名	脊髄損傷による四肢機能障害
	5　障害者手帳	身障手帳　1種1級
II	これまでの経緯	
	1　生育歴 　①保育，教育歴 　②手術，訓練歴	就学前は母子通園，小・中学校は地域の通常学級 ・出産時と4歳，9歳時には地域の療育センターで手術 ・その後小・中学校時代は約週1回ペース，高校入学後は月1回ペースで主にPT訓練に通う。
	2　前籍校からの情報 　①身体面 　②学習面 　③情緒面 　④その他配慮事項	※地域の中学校より申し送り事項 ・自己導尿が確立していない。 ・体温調節が困難で，疲れやすい。 ・主要教科では2学年以上の遅れが見られる。 ・積極的で優しい面もあるが，自己中心的で幼さが目立つ。 ・学級では，本人の幼さゆえの対人トラブルが頻発した。
III	現　状	
家庭	1　家族構成	※
	2　通学の手段と時間	母親のマイカー通学，約60分
	3　生活 　（家庭・地域活動等）	・本人の生活年齢に応じた家族のかかわり方について課題が見られる。休日の活動は活発である。
身体面	4　身体状況 　（手術・脱臼・緊張等の部位と状態）	・移動手段は手動車いす ・側彎あり ・手指の動きでは，掌や甲を器用に使うが，指先の有用性はない（つまんだり，ひねったりする作業が困難）。
	5　健康 　（疾病・発作・服薬等の配慮事項）	・脳波異常が見られるが，抗けいれん剤は服用していない。 ・体温調節が困難で，自己導尿が課題である。 ・気管切開の経験があり，大きな声は出せない。
	6　視力・聴力 　①視力・眼鏡 　②聴力・補聴器	右1.2　左0.6 異常なし
	7　身体の動き 　①姿勢保持 　②移動方法 　③食事 　④衣服着脱 　⑤書字・作業 　⑥装具	・授業中はクッションを利用した座位保持いすを使用。 ・手動車いすによる移動であるが，実用性に乏しい。 ・専用食器を利用，遅いが改善されてきた。 ・時間はかかるが，日常は問題なし。 ・ボタン留めは厳しいので，マジックテープのあるもの。 ・書字は問題ないが，細かい作業は時間がかかる。 ・側彎矯正用のコルセットを着用。
学習面	8　コミュニケーション	場面に応じた対応に課題が見られる。
	9　学習集団	知的障害代替の教育課程
	10　各教科	※集団の授業にはのるが，主要教科では2学年以上の遅れが見られる。
情緒面	11　心理検査 　（実施年月と結果）	※VIQ65, PIQ測定不能，FIQ測定不能 （入試時のWISC Ⅲ）
	12　性格	真面目だが固執性が強く，お節介な面もある。同年代とのやりとりなど，コミュニケーションスキルの獲得が大きな課題である。
IV	エピソード・特記事項等	
	・保護者は特殊教育関連の情報不足を強く感じており，不安傾向が強いため，じっくり取り組もうとする態度を教員間で共有するなど，配慮が必要である。	

用する書類サイズでは，教育現場でもようやくＡ４サイズに統一されつつあり，角２封筒はＡ４サイズの文書を入れる大きさとして最適であること，二つめは，これまで捨てられてきた使用済みの角２封筒を再利用できること，三つめは，２穴パンチで穴をあける必要がないため，手間がかからないばかりでなく，あいた穴のためにＡ４文書の一部が読みにくいということがないこと等である。また，この封筒がそのまま個人情報の集約であることを重視し，取り扱いについては細心の注意を払うようにした。

　このように「個別の記録ファイル」を作成して月に１回程度定期的に書類を取り出し，情報を整理して個別の教育支援計画の作成，修正に反映させるようにした。

　　イ）保護者との面談
　新学期早々に保護者面談の場をもち，家庭の様子や他機関とのかかわり等について詳しい情報を得た。生育歴については入試時の願書に記載があったが，幼稚園や小学校での様子や地域での友人関係，父親や弟との関係等について詳しく状況を聞き取り，これらのメモを「個別の記録ファイル」に加えた。

　なお，保護者との面談時に生徒各自に「個別の記録ファイル」を作成し，学校生活や進路の支援に役立てたい旨を説明した。当時「個別の教育支援計画」という言葉はなかったが，「個別の指導計画」や「進路指導」へつなげていく基礎資料であること，個人情報であるため慎重に取り扱うこと等について説明し，互いに誠意をもって全面的に協力していくことを確認した。この時に確認したキーワードは「一緒に子育てをしていきましょう」であった。

　フォーマルな形の保護者面談はその後学期に１回のペースで行ったが，Ａは母親の運転する自動車で登下校するため，学校の保護者用駐車スペースや廊下などで会うことが多く，数分程度の短い情報交換をインフォーマルな形で日常的に行うことができた。内容は「昨夜，弟とけんかをしたんですよ」といったたわいのないものが多かったが，保護者の話を最後まで丁寧に聞き取るように心掛けることで，気軽に何でも話ができるような雰囲気ができあがっていった。

ウ）前籍校担任との連絡

　公立中学校の通常の学級に在籍していたAの中学校時代の様子について詳しい情報を得ようと考え，連休明けの5月中旬に前籍校の学級担任と電話連絡を取った。日程を調整した結果，6月末に先方の中学校を訪問することとなった。

　Aの中学校時代のフォーマルな記録は入学願書や調査書しか手元になかったが，元学級担任との面談を通して，学習状況や友人関係など詳細な情報を得ることができた。これらも前述の保護者面談と同様に，インフォーマルな情報として「個別の記録ファイル」に加えることとした。

　この担任との話し合いの折，次のようなエピソードがあった。Aのような車いすの生徒が現在も一人在籍しており，体育は毎回見学なので気の毒に思っている，とのことであった。そこで，筆者はルールを工夫すれば十分参加できることを伝えたところ，それ以降，体育の授業に参加できるようになったそうである。その後，中学校長より他の技術系教科を中心とする配慮事項等についてアドバイスがほしいとの連絡があり，職員研修会に招かれたことがあった。

エ）専門機関との連絡

　1年時の夏休みを中心に，Aとかかわってきた専門機関と連絡を取り，情報を得た。ただし，本校の場合，学区域が特定されていないため，地域の支援機関とふだんから連携を取り合うことが難しい。したがって，連携相手の支援機関は，区市町村よりも広範囲の都道府県レベルの規模が対象となりがちである。Aのような具体的なケースがなくても，ふだんからあらゆる専門職と連絡を取り合い，特に保護者を支援していく情報交換の場を作る必要をあらためて感じた。この取り組みについては校外における取り組みとして後述する。

オ）校内情報の整理

　自立活動を含む他教科担当教員からは授業の様子等を，介助職員からはトイレ介助の状況等を聞き取って，そのメモを「個別の記録ファイル」に加えていった。他に授業や行事等でAとかかわった教育実習生やボランティア学生からも情報を得た。これらの情報は，学部のケース会議等の場でも話題として取り上げ，学部教員が情報を共有できるようにした。また，具体的な指導方法や内容

について，教員によって対応が大きく異なることのないように，指導方針を随時確認し，指導部や教育相談部など校内分掌組織とも連絡を取り合った。このように学校全体の取り組みとして位置づけ，保護者にも説明した。

イ．個別の教育支援計画と個別の指導計画

　「個別の記録ファイル」を整理して実態把握を行う一方で，卒業後の地域生活をイメージしながら長期的な視点を含めた個別の教育支援計画の作成に取り組んだ。表4－9に示した個別実態表と随時追加記載している「個別の記録ファイル」を整理し，Aと保護者の描く将来像や学校生活における希望を踏まえて，個別の教育支援計画を表4－10のように作成した。これはAが高1の1学期末の時点のものであるが，書式は全国特殊学校長会中間まとめで示されたものを参考とした。

　個別の教育支援計画の作成に当たっては，特に卒業後の進路について，保護者と何回も話し合った。その結果，ホームヘルパーやデイケアなどを活用し，授産施設や更正施設に通いながらなんとか一人暮らしができるようにしたいという願いを長期目標に据えた。その前段階として，移動や排泄など日常生活面のスキル向上と自主性の伸長を図っていくことを確認した。その他将来の職業訓練につなげていくために，手指の実用性を高めていくこと，ヘルパーをはじめ，他者とのやりとりを円滑にしていくコミュニケーション能力の向上を図ること，日常生活に不可欠な基礎学力の向上に努めること等を課題とした。

ア）個別の教育支援計画の作成に当たって保護者との課題の共有

　小・中学校に在籍していたAの保護者は，小学校就学時，養護学校を勧める教育委員会と交渉して，なんとか小学校に入学することができた，という思いが強く，このため小・中学校では学級担任に注文や要望などを言い出しづらく感じていたそうである。自分の子どもと同じような車いすの子どもがいる学校がどこにあるのか，誰に相談すればいいのか，大きな不安を抱えていたとのことであった。そして養護学校の高等部に入学して，各種訓練会の案内や保護者向け勉強会の誘いなど，膨大な情報量に圧倒され困惑している様子を目の当たりにし，まずは学級担任との信頼関係作りを短期目標に設定した。この後徐々

4章　個別の教育支援計画の作成・実践例

表4-10　個別の教育支援計画（高1の1学期）

児童生徒のプロフィール			
生徒名	A	生年月日	年　月　日　歳
保護者名	T子	連絡先	
前担当者	△△（区立△△中学校）	連絡先	

現在の生活・将来の生活についての希望	
〈児童生徒本人の希望〉 ・電動車いすに乗ってみたい。 ・勉強をがんばりたい（特に英語を話したい）。 ・保母さんになりたい。	〈家族の希望〉 ・多くの友人をつくって楽しく過ごしてほしい。 ・自分で導尿ができるようになってほしい。 ・少しでも基礎学力をつけてほしい。 ・将来を考えると，今から特に福祉関係の情報を得たい。

必要と思われる支援内容

　これまで手動車いすを使用してきたが，前籍校では介助者がついていたため，自分で車いすを長距離こいだ経験がない。このため，手動車いすの実用性は乏しく，他者への依頼心を強めてしまったようだ。手動から電動車いすへ移行し，自己導尿の確立を図ることで，Aの活動範囲は飛躍的に広がるものと思われる。Aの前向きな態度をさらに伸ばすためにも，交通ルールや買い物に関する学習事項など，外出時の基本的スキルを教科学習や自立活動と関連づけて身につけ，自信につなげていくような支援が必要である。
　保護者は身体面，学習面，福祉制度などあらゆる点で情報不足を感じているため，混乱させないように適切な情報を提供していく必要がある。

支援の目標

・電動車いすの操作性を高め，危険回避など最低限のスキルを身につける。
・医療関係者の協力を得ながら，自己導尿の確立を目指す。
・保護者が適切な選択ができるように，各種情報を収集して分かりやすく提示する。

学校の支援

・OTや車いす業者と連絡を取って電動車いすを選定し，校内では操作方法や安全面などについて指導する。
・導尿については，管の挿入は自分でできるので，導尿バッグを電動車いすのポケットへ脱着させる作業を確実にさせる。また，器具の保管洗浄や手洗いなど衛生面の指導も並行して行う。
・親の会や保護者向けの研修会など，情報収集の場を紹介する一方で，保護者だけで悩みを抱え込むことのないように声かけをし，信頼関係作りに努める。

支援機関の具体的支援					
家庭生活	余暇・地域生活	医療・健康・療育		前機関	ボランティアその他
1 担当者・連絡先 　父　T夫 　母　T子 　弟　T郎 　　　（中2） 2 支援の内容 3 支援の期間	1 担当者・連絡先 電動車いすサッカー同好会 2 支援の内容 電動車いすの操作性の向上を図り，サッカーを楽しむ。 3 支援の期間 2000年7月～	1 担当者・連絡先 ○療育センター 　整形外科，OT，PT □大学附属病院 　小児科医 2 支援の内容 月1回程度の定期的な通院及び訓練 3 支援の期間 1990年9月～		1 担当者・連絡先 △△大学発達相談センター 臨床心理士 2 支援の内容 発達相談 3 支援の期間 1997年10月～	1 担当者・連絡先 △△大学大学院生 2 支援の内容 外出時の移動及びトイレ介助 3 支援の期間 1999年4月～

備考
　　身障手帳　1種1級

私は以上の内容を確認し，了解しました。　　　年　月　日　氏名＿＿＿＿＿＿

※この書式は，「盲・聾・養護学校における『個別の教育支援計画』全国特殊学校長会中間まとめ」を参考に作成したものである。

に情報源を広げ，混乱することのないようにした。

イ）電動車いすの導入と活用（入学時～高1の2学期途中）

　学校生活を中心とする個別の指導計画では，まず移動手段の実用性を確保するために，電動車いすの導入を指導課題の先頭にもってきた。自立活動や体育の授業のほかに，校内での教室移動や校外行事において，高等部教員を中心に課題設定の共通理解を図った。校内でAを見かけた教員は，「あ，電動車いすの操作性を今課題にしているAさんだ」と思えるような課題の明確化と共有化を図った。

　当初，保護者は電動車いすの導入は障害の重度化を受け入れるような気がするとして乗り気ではなかった。これまで手動車いすを使用してきたが，介助者が付いていた前籍校では，自分で車いすをこいだ経験がほとんどなかったため，手動車いすの実用性は乏しく，かえって他者への依頼心を強める結果となっていた。この点について保護者は，入学前から悩んでいたそうである。そこで，Aの将来生活をイメージしながら，電動車いすを導入すべきかどうか何度も話し合ったところ，高校入学を契機にAの行動範囲を広げ，自主性を育てるために電動車いすを導入することとなった。OT（作業療法士）やPT（理学療法士）等の医療関係者と車いす業者から機種選定についてアドバイスを得る一方で，地域の福祉事務所と連絡を取り，支援費を利用して，自家用車を電動車いす対応に改造されたものに買い換えることとなった。

　こうして電動車いすの導入を通して，Aの活動範囲を安全に確実に広げていくことを目標とした。さらに学校内では，自立活動の個別の指導計画において，電動車いすのスムーズな活用を指導目標に設定して指導に取り組んだところ，予想以上に早く課題をクリアできたため，高1の2学期途中で指導課題を次のステップに設定し直すこととなった。

ウ）自己導尿の確立（高1の2学期途中～高2の3学期）

　すでにAは導尿の管の挿入は自分でできていたが，手動車いすに乗ったままでは，尿の集積バッグをうまく固定できない状況でいた。前述のように電動車いすを導入したことで，集積バッグを体幹脇に固定するスペースはできたが，

集積バッグをどのように固定するかしばらくは試行錯誤が続いた。結局，マジックテープを工夫して取り付けることによって一応の解決をみたのであるが，管をそのまま膝の脇に置くなど，衛生面に無頓着な面が見られたため，個別の指導計画の指導目標を，自己導尿作業の確立から衛生管理に調整し直し，手洗いの励行や器具の管理方法など衛生面に関する指導を中心に行った。この点については，担当医師から感染症予防について保護者に説明してもらい，家庭と学校の両方の生活の場で指導を継続した。これは，自己導尿後の衛生管理に関する指導であるため直接的な医療的ケアにはあたらないが，医療関係者や養護教諭の助言を得ながら高2の3学期まで続けられた。

エ）コミュニケーションスキルの獲得（高3の1学期～）

入学後，具体的には電動車いすの導入，自己導尿の確立と個別目標を明確にしながら取り組んできたが，高3に入っていよいよ進路について具体的に考える時期になってきた。特に7月から10月にかけて，地域の福祉作業所などいくつかで職場実習を予定しており，教員やクラスメイト以外の者と接する機会が多くなるため，対人コミュニケーションに関する課題を取り上げることとした。特に同年代とのやりとりを増やしていくことを目標として，給食時を具体的な指導場面に設定した。これに基づいて個別の指導計画を作成し，調整を加えながら実践したものを表4-11に示す。

3）卒業直前における個別の教育支援計画と個別の移行支援計画

前述の個別の指導計画は，学校内を中心とする取り組みであったが，高3に進級すると間もなく，卒業後における地域生活のイメージが急速に具体化してきた。高2の後半から始まる職場実習や先輩を招いた進路懇談会が生徒や保護者の意識を喚起させ，学級担任や進路担当教員への問い合わせも一気に増えてきた。高3の1学期は，卒業までに付けておきたい力が現実感をもって目の前に示される時期でもある。

表4-10で示した個別の教育支援計画から2年が経ち，Aの実態や課題も変化が見られるのであるが，これまでの取り組みを保護者とともに振り返る時間をもった。この話し合いをもとに，保護者の負担に留意しながら，Aの充実し

4．肢体不自由の生徒の事例

表4－11　個別の指導計画（高3の1学期）

生徒氏名＿＿＿＿＿＿＿＿＿＿　　記入者＿＿＿＿＿＿＿＿＿＿

保護者の要望
・友人関係を広げてほしい。 ・自分で楽しめるものを伸ばしてやりたい。 ・教科学習に期待している。

1．個別の長期目標（指導ターゲット）
　★生活の中で，自分とかかわる人とのコミュニケーションを豊かにしていく。
　　（教師など大人との会話を好み，同年代とのやりとりが極端に少ないため，安心してクラスメイトと話ができるような環境を作ってやりたい）

2．個別の短期目標（1学期）
　☆給食時，クラスメイトと会話を楽しむこと。
　　1分間のニュース解説の時間をもたせる（本人からの話題提供とする）
　☆家庭で，ＴＶドラマや歌番組好きのクラスメイトと共有できる話題を見つける。

場面	学級集団の中で（特に給食時）	家庭で
指導内容	・ニュース解説がうまくできたときはほめる。 ・学級担任ではなく，クラスメイトの方を向いて食べる。（注意される回数を日に2回以内にする） ・雑談中，幼児向けアニメの話題を1／5以下に減らす。 ・友人同士が話している場に割り込む回数を1／3以下に減らす。 ・自分が話し終わったら，相手の顔を見て話を聞いてあげること。	・生活年齢相応のＴＶ番組や音楽を視聴する機会をもつこと（週に3本以上） ・入浴時の注意（父親や弟と風呂に入らない）
評価	・ニュース解説の時間はあまり取れなかった。内容をうまく要約できずに自分にいらだつ場面が見られた。 ・雑談では，アニメ番組の話題は少なくなったが，クイズ番組の話題が増えた。 ・特定の大人への依存がまだ強い。友人へのかかわり方では，相手の状況を推し量る態度が少しずつ出てきた。	・ＴＶ番組の内容については配慮している。 ・父親や弟との入浴はしなくなった。

3．個別の短期目標（2学期）
　☆給食時，クラスメイトと会話を楽しむこと。
　　1～2間程度のクイズ形式でクラスメイトとやりとりを重ねる。
　☆家庭で，クラスメイトの注意をひくような話題を話し合う。

場面	学級集団の中で（特に給食時）	家庭で
指導内容	・クイズ的なやりとりを好むため，ニュース解説から，時事的話題をクイズ形式でクラスメイトに投げかけるように切り替える。 ・話す一文をできるだけ短くするように気をつける。 ・自分が話し出すとき，相手はどんな状況だったか自覚させる。※	・翌日の給食時にどんなクイズを出すか，家族で話し合う。 ・※について話し合う。
評価		

4．個別の短期目標（3学期）

場面		
指導内容		
評価		

5．指導内容のまとめ

6．全体の評価

表4-12 個別の移行支援計画（高3の1学期）

学校名　〇〇養護学校

生徒のプロフィール				
生徒名	A		生年月日	
保護者名	T子		連絡先	
出身校	△△養護学校	担当者　〇〇	連絡先	

将来の生活についての希望

卒業後，数年は自宅から職場に通うが，20代のうちにアパートで一人暮らしをしながら仕事をしたい。給料は安くてもいいが，身体の負担にならないよう週2～3日程度にしたい。
英会話を習って，休日は海外旅行をしたい。結婚はまだ考えていないが，余暇を一緒に過ごす友人がたくさんほしい。

必要と思われる支援内容

- 就職直後の生活リズムや健康管理等の状況について，家庭や職場から詳しい情報を収集し，個別の記録ファイルに追加記録として残す。
- 家庭と職場間の通勤については，当面は家族が送迎時の支援を希望しているが，ヘルパーや地域ボランティアの活用も選択肢に含めて検討したい。
- A本人は勤労意欲は高いので，この態度を尊重しながら，身体面に負担のない勤労時間を就職先に検討してもらう。
- また，英語など学習意欲も高いので，e-learningや通信教育など在宅学習を促進する資料提供を行う。
- 休日は外出を好むので，インターネットを活用して地域のイベント情報などを収集する方法を身につける。

支援機関の具体的支援

家庭生活	余暇・地域生活	医療・健康・療育	進路先の役割	出身学校の役割
1 担当者・連絡先 父　T夫 母　T子 弟　T郎 　　（高1）	1 担当者・連絡先 電動車いすサッカー同好会	1 担当者・連絡先 〇療育センター 整形外科医，OT，PT	1 担当者・連絡先 △△区就労支援センター指導員	1 担当者・連絡先 元担任
2 支援の内容 通勤時の身体的負担を中心に様子をみる。	2 支援の内容 電動車いすの操作性向上を図り，サッカーを楽しむ。	2 支援の内容 月1回程度の定期的な通院及び訓練	2 支援の内容 勤務内容や就業時間と本人の身体的負担について様子を観察する。	2 支援の内容 家庭や職場における自己管理状況について把握し，必要に応じて関係機関と連絡を取る。

備考
　身障手帳　1種1級
　高等部卒業までに，愛の手帳を申請しておくこと。

私は以上の内容を確認し，了解しました。　　　年　　月　　日　氏名　　　　　　

※この書式は，「障害児・者の社会参加をすすめる個別移行支援計画」（全国特殊学校長会編集）を参考に作成したものである。

4．肢体不自由の生徒の事例

た職業生活や余暇生活にいかにしてつなげていくか，という点を重点課題とすることを相互に確認した。少なくとも卒業後3年間をめどに表4-12に示す個別の移行支援計画を作成し，必要に応じて関係者による支援会議を開いていくこととした。

(3) 校外における取り組み

1）保護者を支える情報交換の場作り（地域連絡会の実践）
ア．取り組みの概要

平成9年と平成10年に筆者は関係者の協力を得て，小・中学校の通常の学級に在籍する障害のある子どもの保護者と学級担任を対象に面談調査をしたことがある。この調査では，主に肢体不自由児の実態を明らかにし，その教育的支援方策を探ろうとしたのであるが，この時，小・中学校の通常の学級の担任教員と保護者の多くが特殊教育に関する情報不足を強く感じており，これに対応した教育支援システムが望まれていることが示唆された。

そこで，平成12年4月，障害のある子どもとその保護者への支援を目的とした情報交換の場としてあらゆる職種の関係者に声をかけ，「地域連絡会」を発足させた。

学期に1回のペースで定例会を開催し，毎回10～20名程度の参加者を得ながら，これまでに12回の定例会と14号までの会報を発行している。

イ．情報交換で話し合われたこと

小・中学校の教員や保護者にも分かりやすい言葉で情報交換を行う多職種専門家の集まりとして教育支援システムを発足させたのであるが，定例会では「地域」をどのように定義するかがたびたび議論の的となった。これは定例会の参加者が，養護学校，特殊学級，通級指導教室，通常の学級，そして大学の教員，PT（理学療法士），OT（作業療法士），ST（言語聴覚士）や福祉施設職員，元養護学校校長や保育園園長，車いすの養護学校OBなど非常に多彩であるため，それぞれの立場で考える「地域」の範囲も多様であるためである。

これまで「保護者によるNPO活動」や「軽度発達障害への取り組み」など，

今日的な問題に関して話題提供者を迎え，討議の場を通して情報交換を行ってきたのであるが，討議時間や定例会の開催頻度の制約のため，残念ながら十分に満足のいく議論を深めるのは難しい状況にある。このため最近では，定例会に参加したメンバーは，時間切れで終わった議論や情報などをそれぞれの職場や地域に持ち帰ってさらに検討を深め，その内容を次回定例会や会報で報告してもらう形をとっている。

定例会で毎回のように出される話題は，①余暇の活用，②養護学校のメリットとデメリット，③学習のつまずきとその支援，④通常の学級における配慮事項，⑤地域で利用可能な社会資源，⑥支援費制度の仕組み，⑦行政の最近の動向，⑧学校教育と職業的自立，等である。定例会出席者のうちおよそ$\frac{1}{3}$が保護者であるため，保護者が自分のケースを取り上げて専門家に問い合わせる場面も見られた。

2）多職種専門家との連携を実践に生かす

Aのケースでは，筆者がAの保護者に声をかけ，定例会に参加してもらうことで他の保護者と情報交換をする機会を提供することができた。ときには，それぞれ異なる教育の場に子どもを通わせる保護者同士の活発な意見交換や討論が行われたが，これらは非常に興味深いものであった。個々に事情の異なる子どもの実態と支援ニーズがあるため，どの教育の場が適切かを判断することは極めて難しい場合も多い。しかし，子どもがのびのびと学校生活を送り，保護者も安心して送り出せる場が何よりも求められていることを感じる。

Aの保護者は地域連絡会に参加することによって，様々な専門家の意見を聞いたり，他の保護者と意見交換したりすることにより，我が子の状況を見つめ直すよい機会となり，卒業後の社会生活への展望も開けたのではないかと思われる。

(4) おわりに

肢体不自由養護学校における医療的ケアの問題についてはすでに述べたとおりであるが，重度・重複化が進む現場の実態を鑑みると，学級担任はもちろん，

自立活動担当教員等で対応できる問題ではない。支援ニーズの内容が高度な医療的専門性を伴うものもあるので，教育分野のスタッフだけで対応しようとするのは誤りであろう。今後，養護学校に看護師や医師，ＰＴやＯＴといった医療スタッフが入ってくることが予測される。多職種の専門家と連携を取りながら，個別の教育支援計画を作成していくことが養護学校の早急な課題であるが，そのためには，教員の大きな意識改革が求められる。自立活動のとらえ方も再考が求められるのではないだろうか。

　また，個別の教育支援計画を作成し，活用していく上で，保護者の存在は大きい。

　Aのケースでは，当初情報不足に不安を感じていた保護者が，入学時に急に様々な専門情報に触れることでかえって不安を増大させてしまう場面も見られた。しかし，担任との連携や保護者を対象とする多職種専門家による情報交換の場（地域連絡会）への参加を通して落ち着きを取り戻し，家庭におけるAへの良き支援者となった。このことは，状況により保護者が教員の支援対象でもあり，また支援チームの一員でもあることを示しているといえる。近年，「個別の……計画」といった用語が数多く出回っている感があるが，いずれにしても当人はもちろん，保護者を軸にした支援計画を多職種専門家がどのように組み立て，実践していくか，その中で教育の分野はどんな役割を担うのか，といった点を明らかにしながら進めていく必要があると思われる。　　　　　（清水　聡）

〈文献〉

宮崎英憲（2004）『個別の教育支援計画に基づく個別移行支援計画の展開』ジアース教育新社

清水聡・香川邦生（2000）「地域の学校に在籍する障害のある児童生徒の実態と支援，連携のあり方」『リハビリテーション連携科学』1(1)，p.174-190

全国特殊学校長会（2002）『障害児・者の社会参加をすすめる個別移行支援計画就業支援に関する調査研究報告書 ビジュアル版』ジアース教育新社

全国特殊学校長会（2004）『盲・聾・養護学校における個別の教育支援計画，全国特殊学校長会中間まとめ ビジュアル版』ジアース教育新社

5．障害児教育諸学校から小・中学校等への支援の事例

(1) 特別支援教育推進への課題

O養護学校では，平成15年度から外部支援のための専任スタッフ3名（支援部）を配置して，特別支援教育の推進と研究に取り組んできた。その中で，特別支援教育の充実のためにはいくつかの条件があることが分かってきた。
① 特別支援教育についての理解が深まること
② 特別支援教育コーディネーターの専門性が高まること
③ 学校間や各機関の連携が促進されること（連携のマインドとシステムの両面）
④ 地域のサポート資源が豊かになること
⑤ 相談・支援の実効性のあるノウハウが蓄積されること
⑥ 支援されてよかったという実際の声が地域の中に拡がっていくこと

そこで，相談・支援活動の他にも，特別支援教育に関する理解啓発・専門研修や地域資源の開発と連携の構築にも力を注いでいる。

ここでは，相談・支援の取り組みに焦点を当てて，障害児教育諸学校から保育所（園），幼稚園，小・中学校への支援の実践について事例を交えて報告したい。

(2) 相談・支援の概要

1）支援地域

支援地域は，O養護学校が所在する行政地区にした。その理由は，行政・福祉・労働・教育等それぞれの支援圏域が一致していることによって，連携のネットワークを構築しやすいと考えたからである。また，3名のスタッフで責任をもって支援を担っていくためには，自転車で回れる範囲に限定する必要があったことも理由の一つである。この行政地区には，区立の保育所・幼稚園・小・

5．障害児教育諸学校から小・中学校等への支援の事例

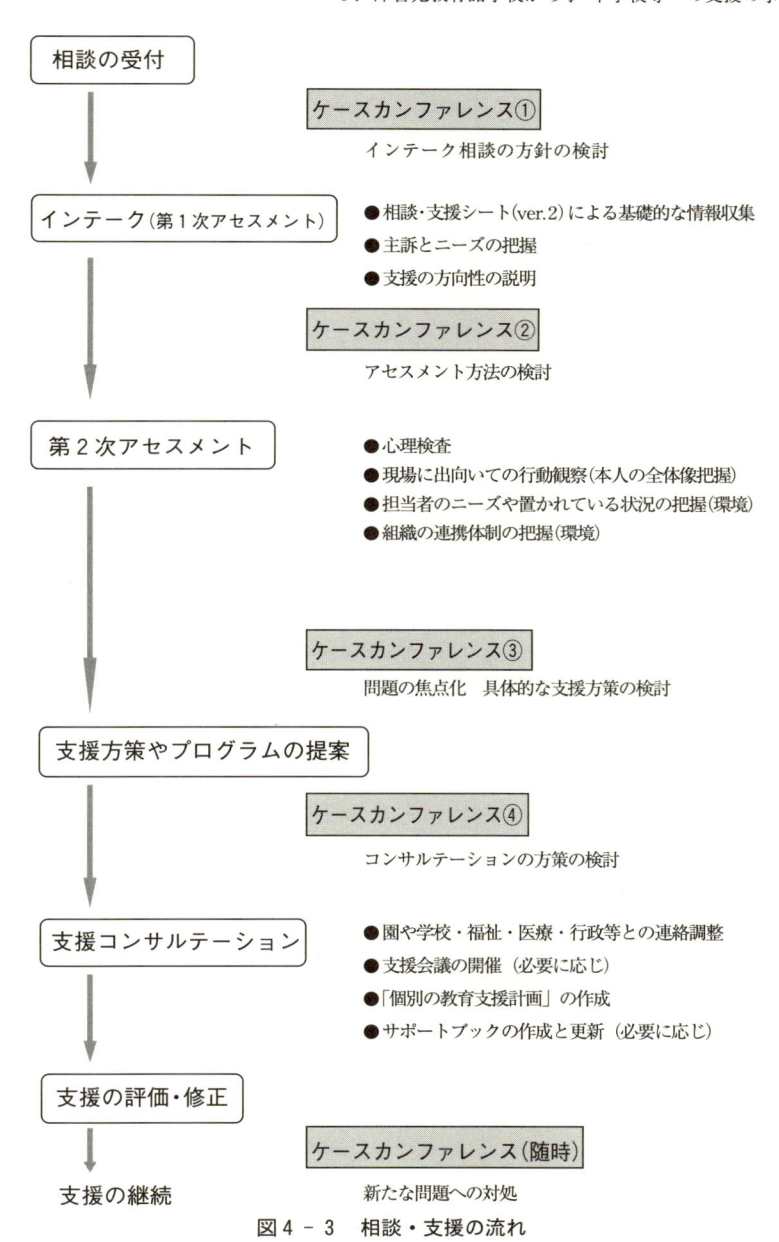

```
相談の受付
    │
    │        ケースカンファレンス①
    │          インテーク相談の方針の検討
    ▼
インテーク（第1次アセスメント）   ●相談・支援シート(ver.2)による基礎的な情報収集
                                ●主訴とニーズの把握
                                ●支援の方向性の説明
    │
    │        ケースカンファレンス②
    │          アセスメント方法の検討
    ▼
第2次アセスメント       ●心理検査
                        ●現場に出向いての行動観察(本人の全体像把握)
                        ●担当者のニーズや置かれている状況の把握(環境)
                        ●組織の連携体制の把握(環境)

             ケースカンファレンス③
               問題の焦点化　具体的な支援方策の検討
    ▼
支援方策やプログラムの提案

             ケースカンファレンス④
               コンサルテーションの方策の検討
    ▼
支援コンサルテーション   ●園や学校・福祉・医療・行政等との連絡調整
                        ●支援会議の開催（必要に応じ）
                        ●「個別の教育支援計画」の作成
                        ●サポートブックの作成と更新（必要に応じ）
    ▼
支援の評価・修正
    │          ケースカンファレンス(随時)
    ▼            新たな問題への対処
支援の継続
```

図4-3　相談・支援の流れ

4章　個別の教育支援計画の作成・実践例

中学校に在籍している子どもが1万人あまりいる。特別な教育的ニーズを有する障害児が7.8%いると仮定すると，対象児は約800人いる計算になる。

2）相談支援の流れ

相談・支援の一連の流れについて図4-3に示した。

スタッフ3名のチームプレーを大切にし，対象児（以下，「ケース」とする）に関するすべての情報を共有できるようケースカンファレンス（事例検討会）を重要視している。

分担制による弊害を排除することは，保護者や担任の信頼を得る上で非常に重要である。電話に対しては「今，担当者がいないので分かりません」という返事は決してしないように努めている。

3）ケースについて

下の図4-4，図4-5は，ケースの所属と相談内容（主訴）をグラフ化したものである。2003年9月から2004年12月まで，計62ケースである。全体の57%が就学前であることが分かる。特別支援教育の一般的イメージとして，小・中学校に在籍する軽度発達障害の子どもへの支援ととらえがちであるが，実際のニーズは少し違うところにあるということが分かる。相談内容（主訴）については，支援のプロセスの中で複数にわたる場合が実際には多い。ここでは第1回目の相談（インテーク）時における第一主訴をデータ化したものである。

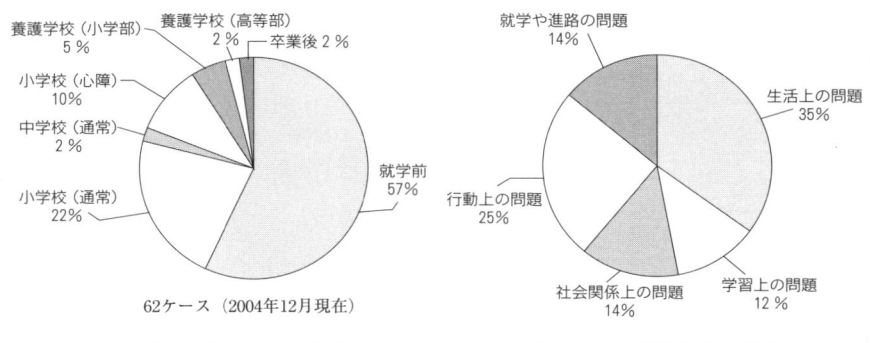

図4-4　ケースの所属　　図4-5　相談内容（主訴）

相談内容の分類については，以下のように定義した。
【生活上の問題】：食事・排泄・着替え・ことば・睡眠・生活リズム・余暇・
　　　　　　　　（自尊心の低下）・その他
【行動上の問題】：いわゆる問題行動・コミュニケーション行動・意欲や自己
　　　　　　　　効力感・活動レパートリー・余暇・（自尊心の低下）・そ
　　　　　　　　の他
【学習上の問題】：聞く・話す・読む・書く・計算する・推論する・（自尊心
　　　　　　　　の低下）・その他
【社会関係上の問題】：注意集中困難・衝動性・多動性・周囲とのかかわり・
　　　　　　　　暴言や暴力・（自尊心の低下）・その他
【就学や進路の問題】：就学や進路に関する保護者の悩み
【その他】：いじめ・不登校・社会資源の情報提供など

4）問題の焦点化

　有効な支援方策を導くためには，どの部分にどのようにアプローチすべきか，問題をさらに焦点化する必要がある。

　次頁の図4-6は，ケースの位置と主訴との関係を示したものである。あくまで便宜的に作成したものであり，科学的な根拠と正確さに欠ける。軽度発達障害については，現在，研究者によって見解が分かれているところである。

　障害名によって支援内容が決定されるわけではなく，個に応じたオーダーメイドの支援こそ重要であることは十分認識している。しかし，発達上の位置やニーズに応じた支援の道筋を少しでも明らかにすることができるならば，ある程度の見通しと自信をもって相談・支援に当たることができるのではないかと考えたわけである。

　ケースの位置と主訴との関係から，ある程度の傾向が見えてくる。つまり，学習上の問題の$\frac{4}{7}$（57％）はＬＤであり，行動上の問題の$\frac{11}{13}$（85％）は自閉性障害，そして社会関係上の問題の$\frac{6}{7}$（86％）はＡＤＨＤであるという事実である。なお，実際には診断名がないケースもあった。この場合，行動観察と診断基準をもとに考察し，3名それぞれの判断の中間点付近にポイントした。

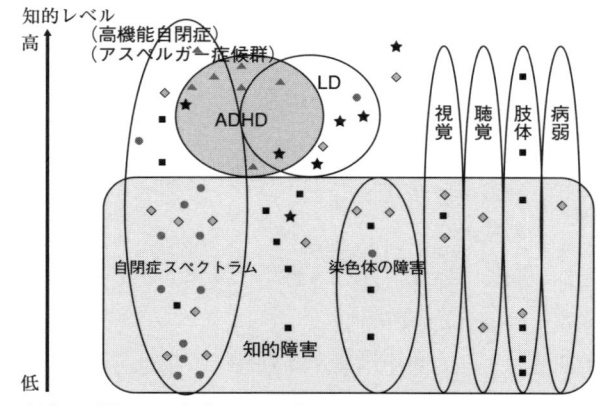

4章　個別の教育支援計画の作成・実践例

図4－6　ケースの位置と主訴との関係

■：生活上の問題　●：行動上　★：学習上　▲：社会関係上　◆：就学や進路

　ところで，例えば「自閉性障害」とひと口に言っても，そのタイプは様々であり，それぞれのタイプによって指導方法も全く異なってくる。

　園山（2003）は，「診断基準は同じであっても，自閉性障害の人たちの個人差は極めて大きい。（中略）個々の側面についてみると，人それぞれなのである。このことは，同じ自閉性障害の診断を受けた人であっても，その人の理解の仕方や援助の仕方が異なることを意味している。ここに，自閉性障害の理解と援助の鍵がある」としている。

　障害のタイプばかりでなく，主訴についても明確化と焦点化の作業が必要である。行動上の問題の場合の例を図4－7に示した。このような視点を意識しながら，データと実践を蓄積することによって，あらゆるニーズにも的確に対応できるような専門性を身につけたいと考えている。

　また，この専門性は，いわゆる個人の"職人芸"とするのではなく，たとえ対象や支援者がかわっても活用できる共有財産にしたいと考えている。

5）「個別の教育支援計画」について

　支援のプロセスで実際に「個別の教育支援計画」を作成してきた。その中で，以下の課題が明らかとなった。

①　ともすると「計画書」は形式的な「書類」に陥りやすい。

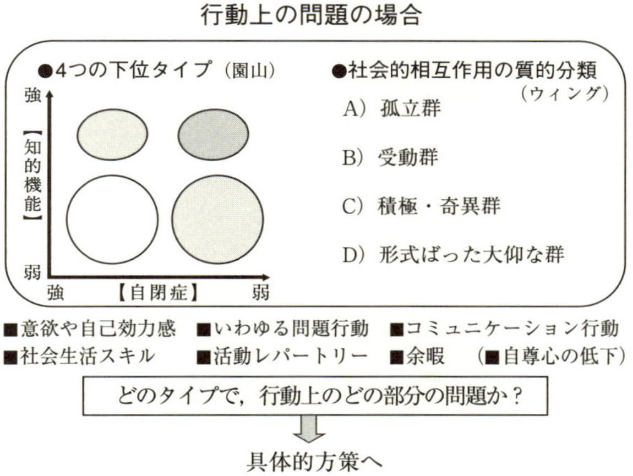

5．障害児教育諸学校から小・中学校等への支援の事例

行動上の問題の場合

●4つの下位タイプ（園山）　●社会的相互作用の質的分類（ウィング）

A) 孤立群
B) 受動群
C) 積極・奇異群
D) 形式ばった大仰な群

縦軸【知的機能】強〜弱／横軸【自閉症】強〜弱

■意欲や自己効力感　■いわゆる問題行動　■コミュニケーション行動
■社会生活スキル　■活動レパートリー　■余暇　（■自尊心の低下）

どのタイプで，行動上のどの部分の問題か？

↓

具体的方策へ

図4-7　主訴の明確化と焦点化

② 連携のためのツールという本来の目的と，守秘義務との兼ね合いを調整することが大きな課題である。
③ 誰が書類を作成し，管理し，それをどのように活用していくのか，位置づけと責任の所在，運用のシステムが不明確である。
④ 子どもを取り巻く環境の変化と子ども自身の成長に伴って内容を随時更新していく必要がある。

特別支援教育のシステムが整うにしたがって，こうした問題は次第にクリアされるかもしれない。しかし，それまで指をくわえて待っていても何も始まらない。「個別の教育支援計画」が形骸化してしまったら，保護者や関係者の特別支援教育に対する夢や希望が砕かれてしまうことにもなりかねない。

そもそも，「個別の教育支援計画」は，各機関が連携を図りながら生涯にわたって充実した支援を実現するための手段であり，書類を作成すること自体が目的ではない。

そこで，「個別の教育支援計画」の課題をクリアし，本来の目的を実現するための現実的な方略を考えた。それが，「サポートブック」である。次の事例の中で具体的に紹介したい。

4章　個別の教育支援計画の作成・実践例

(3) 支援の事例

行動上の問題を示す自閉症児とその家族，保育所に対しての1年半に及ぶ支援について報告する。

1）対象児（A児）

インテーク時，5歳6か月の男子の自閉症児である。音声表出言語はなく，極めて多動で，自己刺激的な行動もあった。療育機関と保育所とに通っており，保育所ではA児に対して非常勤職員（以下，担当者）がついていた。CLAC-Ⅱ（自閉症児の行動チェックリスト）の結果を図4-8に示す。

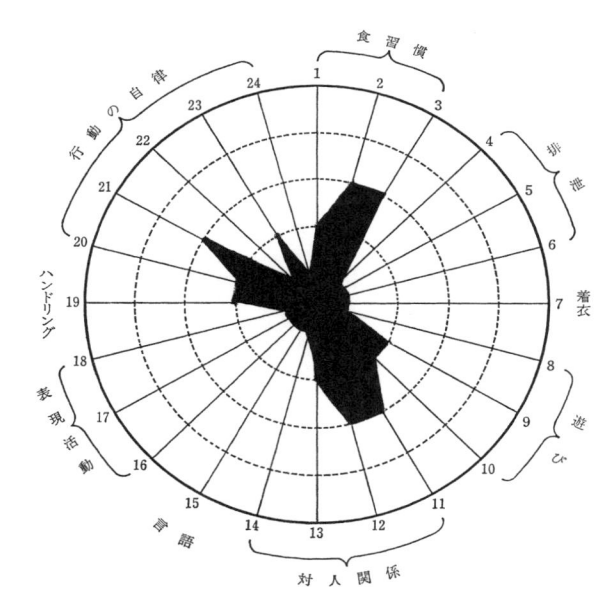

図4-8　A児のCLAC-Ⅱの結果

2）主　訴

行動上の問題を改善し，子育てのストレスを少しでも軽くしたい。

3）問題の焦点化と支援の基本方針

A児は，自閉性障害の中でも，知的に重度で，しかも自閉性が強いタイプに

属する。いわゆる問題行動が昂進しないように常に細心の注意が必要なタイプである。L.ウィングの社会的相互作用の質的な分類では,「孤立群」に当たる。

しかし,問題行動だけに焦点を当てても,うまくいかないことが予想される。なぜなら,その根本には,「意欲や自己効力感」の問題があるからである。つまり,問題行動に介入する前に,やり甲斐のある活動レパートリーを形成したり,コミュニケーション行動によって要求したり選択できるような環境を整えることが重要だからである。

そこで,このような点に焦点を当てた包括的なアプローチを支援の基本方針とした。

4）支援の経過と具体的方策

ア．支援会議の開催

家の中の物を散らかし,危険な行動もあるので,母親は一時も目を離すことができずに疲弊しきっていた。本児の前に,まず母親へのケアが緊急に必要であると考えた。

そこで,関係者を招集して対応策を検討した。メンバーは,母親,母親の友人,保育所の担当者,療育機関の担当者,区の福祉部担当者,知的障害児入所施設担当者,児童相談センター担当者,それにコーディネーターとして筆者らが参加した。

母親のストレスはすでに限界に達していることが支援会議の中で確認された。しばらくの間,A児を知的障害児入所施設に入所させることにした。その間に,母親は十分に静養するとともに,生活の建て直しを図ることになった。

筆者には,家庭や保育所に出向いて行動改善のための具体的なプログラムを立てることが求められた。その後の経過を確認し合うために,以降,3回の支援会議を開いた。

イ．家庭へのアプローチ

母親のストレスの最も大きな原因は,A児が衣類やおもちゃ,砂糖などを部屋中に散らかすことであった。そこで,家庭に出向いて部屋を構造化するためのアイデアを提供した。A児の遊びスペースを仕切り,その場所におもちゃな

どをまとめた。また，自由に台所に出入りできないようにベビーフェンスを取り付け，調味料は手の届かない収納棚に入れるようにした。

　ウ．アセスメントと保育所へのコンサルテーション
　保育所に出向いてA児の行動観察を行った。活動水準を測定するために，タイムサンプリング法による活動水準の測定を行った。また，自己刺激行動などの頻度をインターバル記録法によって測定した。
　その結果，A児の活動水準は極めて低く，自己刺激的な行動が高い頻度で生起していることが分かった。また，問題行動の機能的な分析から，A児の不適切な行動が結果的に強化されてしまっている事実が浮かび上がってきた。
　例えば，給食の時に泣いて自分の頭を叩くと自分の好みの食べ物を手に入れることができた。これは，自傷行動が強化されてしまう結果を招いていた。また，担当者が他の子どもにかかわった瞬間，A児は担当者の方を見ながら教室から飛び出していった。その結果，周囲の大人がA児に接近してかかわりをもとうとしてくれた。これは，注目行動が強化されてしまう結果を招いていた。
　そこで，行動観察から得られた情報を報告書にまとめ，保護者と保育所に提出した。所長の了解を得た後，筆者は週1回のペースで保育所に出向くことになった。保育所における実際の日常生活場面でA児への対応のモデルを担当者に示した。モデルを示しながら，A児の行動の意味と対応の意図するところを担当者に説明した。A児の行動変容ばかりでなく，担当者のモチベーションを高めることもねらった。
　第一は，担当者への接近行動を形成することである。まず，セラピーボールでの揺らし遊びを体験させ，その楽しさを十分体験した後，離れた場所からA児を誘った。1メートルから5メートルへと，次第にその距離を離していった。同様に，「おんぶ」「身体の揺らし」「手遊び歌」「首へのくすぐり」など，A児が好みそうな活動についても，身振りと音声言語とで離れた場所から誘った。接近してきた場合には，満面の笑みで短時間の活動を展開した。また，自己刺激的な行動が3分以上継続している場合には，意図的にこの方法で場面転換を図った。

5．障害児教育諸学校から小・中学校等への支援の事例

　第二は，適切なコミュニケーション行動を形成することである。物や活動の要求として頭を叩く行動や，教師の注目をひくための行動に対して，担当者は可能な限り反応を示さないようにした。また，好みの活動の要求場面では，子どもの反応を待ってから対応する「遅延対応」や段階的に望ましい行動を身につけさせる「シェイピング法」を用いてコミュニケーション行動を形成した。不適切な行動にはかかわらずに，適切な行動にのみ積極的にかかわりをもつ対応に徹した。

5）結果と考察

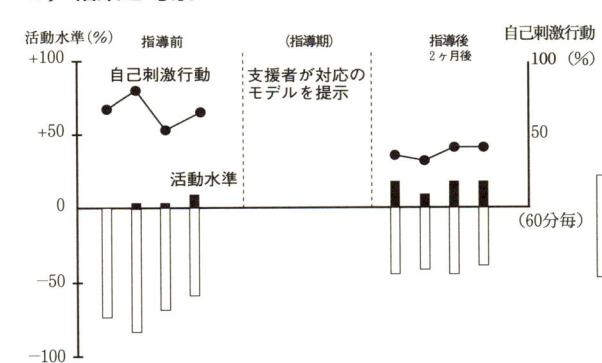

図4-9　自己刺激行動の推移

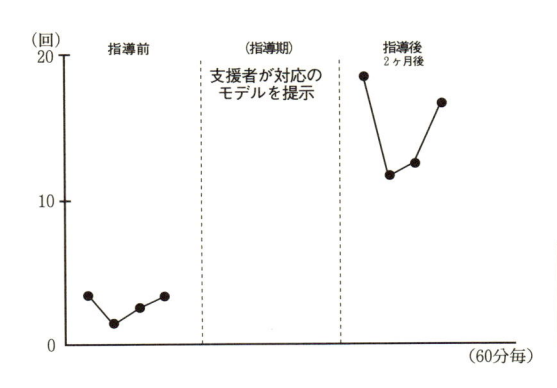

> 自己刺激的な行動が減少し，望ましい活動に従事している割合が増加した。

図4-10　担当者への接近行動の推移

> 2メートル以上離れた場所からの，担当者への接近行動の回数が増えた。

図4-9は，自由遊び場面でのA児の活動水準と自己刺激行動の推移である。また，2メートル以上離れた場所からの担当者への接近行動についてのグラフを図4-10に示した。当初，担当者はA児の後を追いかけまわし，危険な場面では制止するという後手の指導が多かった。苛立ってA児を叱る場面も数多く見受けられた。したがって，A児から近寄ってくることもほとんどなかった。担当者は自分のやっていることにどのような意味があるのか，一体何から手をつければいいのかと悩みを筆者に打ち明けていた。

A児の事例検討会には，保育所長をはじめ，可能な範囲で他の保育士も参加した。筆者はA児の示す行動の意味を詳しく説明するとともに，変容をデータで示した。その際，担当者の苦悩と努力が保育所全体の中で認められるように努めた。客観的なデータは，担当者の努力を裏付けるものになると考えたからである。

筆者のモデルを見ながら，A児に対する積極的なアプローチを試みる中で，担当者のモチベーションは次第に高まっていった。指導の意味と具体的な方法を理解したことによって，積極的な先手の指導に変化したのである。それとともに，A児に対して笑いかけたり賞賛する場面が増えていった。行動の記録を自発的に取り始めたばかりでなく，A児が興味をもちそうな活動を自ら考えて試みるようになった。

担当者のこのような変化こそ，A児の行動変容の大きな要因であろう。悪循環に陥っている状況が改善され，保育所長や同僚の理解の中で，担当者は仕事のやり甲斐と自信を取り戻すことができた。筆者は，そのきっかけを作ったにすぎない。担当者をはじめ，保育所全体の努力をねぎらうとともに，保護者にもそれを伝えた。コーディネーターは，あくまで黒衣役に徹するべきである。今後は，様子を見ながら支援を減らしていくつもりである。

さて，来年度の就学を控え，A児の「個別の教育支援計画」を作成した。しかし，書類としての「個別の教育支援計画」には連携ツールとしての限界を感じた。理由は，先に述べたとおりである。

そこで，関係者と協働して「サポートブック」を作成した。

5．障害児教育諸学校から小・中学校等への支援の事例

6）サポートブック

「個別の教育支援計画」の内容を，より具体的に分かりやすくまとめたのがサポートブックである。内容の修正に伴って差し替えできるように，ポケット式の葉書ホルダーを活用した。

～サポートブックの内容（例）～

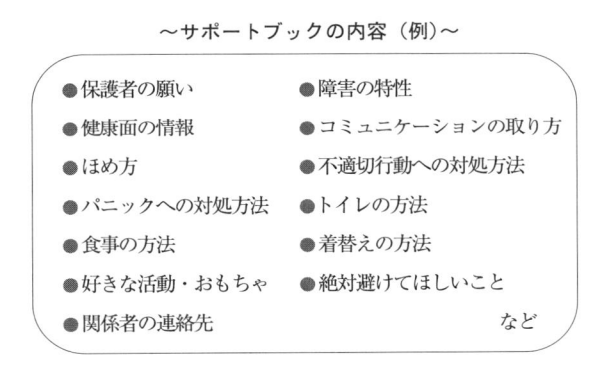

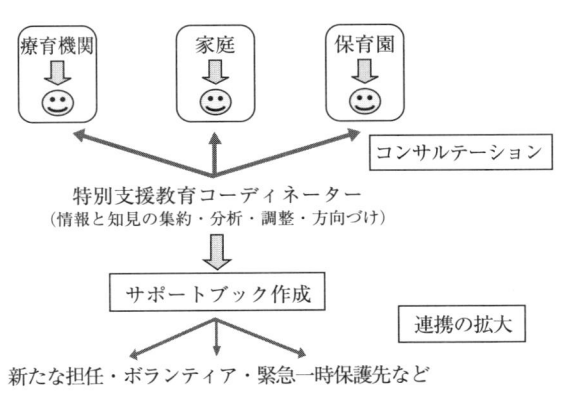

- ●保護者の願い
- ●健康面の情報
- ●ほめ方
- ●パニックへの対処方法
- ●食事の方法
- ●好きな活動・おもちゃ
- ●関係者の連絡先
- ●障害の特性
- ●コミュニケーションの取り方
- ●不適切行動への対処方法
- ●トイレの方法
- ●着替えの方法
- ●絶対避けてほしいこと

など

図4-11　サポートブック作成の手続きと活用（例）

サポートブックを作成するプロセスは，まさに連携の構築そのものである（図4-11）。コーディネーターは家庭を含め各機関に何度も出向くことになる。そして，それぞれの場における知見やノウハウについて情報を収集し，支援方法の提案も行う。一貫性のない対応については調整する必要も生まれる。コン

4章　個別の教育支援計画の作成・実践例

サルテーションから得られたこれらの情報をすべて集約して、はじめてサポートブックが完成するからである。まさに、「個別の教育支援計画」の実際版である。A児のサポートブックの一部を、図4-12に示す。

○○○○君の
サポートブック

顔写真

この手帳の目的

　この手帳は、○○君のことをよりよく理解し、一貫した方法で支援ができることを目指して、関係者が協力して作りました。
　初めて○○君に接する人でも、この手帳を見れば対応の仕方が理解できるようにしたつもりです。
　この手帳を一つのツール（道具）として、将来にわたって関係者の連携のもとに充実した支援が継続されることを願っています。
　○○君の成長と変容に伴って、内容を更新していきます。

■連絡先

住　所：○○○○○○-○-○-○
自宅電話：○○-○○○○-○○○○

■保護者の願い
　○○センターや○○保育園で積み上げられてきた指導の蓄積が、今後の子どもの教育活動に十分に引き継がれることを望んでいます。
　これまで、たくさんの人たちの支えがありました。今後も、こうした支援が途切れることなく継続されることを願っています。

■健康面の情報
【服薬】○○○○……
　　　※飲ませ方は、……
【発作】○○○○……
【アレルギー】○○○○……
【その他、健康面で特に注意すること】
　・○○○○……

■ほめ方
　笑みを浮かべて言葉やサインでたくさんほめてあげてください。ただし、待っていてもなかなかほめることをしてくれません。意図的にほめる場面を作ります。
　例えば、靴下をはくときに、爪先まではかせてあげて、上に引っ張る部分を本人にやらせてほめるという具合いです。
　最初の部分を援助して、ゴール近くで本人ができる部分をやらせてからほめるのがコツです。
　自分でできる部分が増えてきたら、援助を少しずつ減らします。しかし、ほめることは当面減らさないようにします。
　自分がほめられたり、認められる場面が増えることによって、周囲から役立っているという充実感を感じてほしいと願っています。

サイン「いいね！」「OK！」

お互いの右掌を軽く合わせます

■関係者（連絡先）
●○○○○センター（担当者名）
　住所と連絡先

●○○○○保育園（担当者）
　住所と連絡先

●○○○○学園（担当者）
　住所と連絡先

●区福祉部○○課（担当者）
　連絡先

●O養護学校
　連絡先

　この手帳の記録データは、O養護学校支援部○○○○が保管しています。
　修正する部分が生じた場合には、ご連絡ください。第1版作成：2004年11月
　　Eメール○○○○

図4-12　サポートブックの例（一部）

5．障害児教育諸学校から小・中学校等への支援の事例

(4) コンサルテーションについて

　これまでの取り組みから，発達の位置やニーズに応じた支援の筋道については見通しがもてるようになってきた。しかし，その後の支援はやはり一人一人全く異なるものであり，マニュアル化できるものではない。むしろ，個に応じた支援プログラムを計画する道筋が明らかになったと言うべきであろう。「サポートブック」はその一例であり，オーダーメイドの支援プログラムがぎっしりと詰まったものである。

　さて，支援を円滑に行うためには，コンサルテーションの技術が欠かせない。例えば，ケースの通っている園や学校に出向くとき，担任は自分の指導方法が否定されるのではないかと警戒している場合がある。その誤解を解くために，こちらから何度も出向いてコミュニケーションを取る必要がある場合もある。

　また，支援プログラムを提案する際には，担当者の置かれている状況をよく見つめなくてはならない。担当者は職場で孤立していたり，弱い立場に置かれているかもしれない。子どもの対応に苦悩していながら，同僚からの支援を受けることが難しい場合もあり得る。

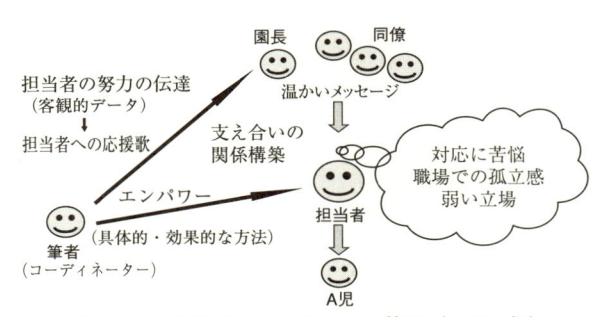

図4-13　担当者の置かれている状況（A児の例）

　さらに，園や学校がとにかく忙しくて，じっくりと話し合う時間が取れないという場合も多い。特別なプログラムを提案されても，それを実行する人手がないと言われることもある。他にたくさんの子どもがいる中で，1人の子ども

だけに特別な対応はできないと言われる場合もある。

　現場を無視した一方的なプログラムの提案は，たとえそれが学問的には誤りでないとしても，実際の効果はあまり期待できないかもしれない。コーディネーターは，障害をもつ子どもの指導に関する専門家であると同時に，現場の状況を熟知している必要がある。担当者の置かれている状況や組織の実態に応じて，支援プログラムを柔軟に組み立てる力が求められるからである。

　こうしたコンサルテーションの技法については，未だ自信をもってそのノウハウを書くことができない。子どもの幸せを祈りつつ，人と人との信頼の糸を紡いでいくような作業だからである。難しく，かつ奥が深い。決してマニュアル化はできない。筆者自身，失敗経験の中から学んでいるところである。

　支援の際に心掛けていることは，次の5点にまとめることができる。

① 　子どもの利益を常に最優先に考える。
② 　問題点の整理に終始せず，可能性に焦点を当てる。
③ 　常にチームで当たり，結果はプラス思考で考える。
④ 　自分たちにできることと困難なことを謙虚に伝える。
⑤ 　問題を多面的にとらえ，具体的・現実的な支援の方策を提案する。

(5) センター機能を担う際の課題について

　最後に，盲・聾・養護学校（特別支援学校）が地域のセンター的機能を担う際の課題について指摘したい。

　第一は，発達やニーズの多様性に対応できる専門性をいかに担保するかという点である。あらゆるケースに的確に対応できる専門性を有したコーディネーターは現実には少ないだろう。しかし，実際にはそれが求められるのである。

　第二は，外部へのコンサルテーションのノウハウをいかに蓄積するかという点である。これは，教師として培ってきた専門性とは別ものではないかと感じている。子どもへの直接指導ではなく，大人への間接的援助だからである。

　第三は，コーディネーター自身のメンタルヘルスの問題である。コーディネーターがいくら努力しても，実際にはうまくいかないケースも多いだろう。スト

レスが蓄積される。コーディネーターを支えるシステムづくりが重要である。

　第四は，増え続けるケースに対してどのように対処するかという点である。O養護学校の場合，年間35ケースの割合で増え続けている。しかも，一度インテークしたケースをどの時点で終結とするか，そもそも終結というものがあり得るのかどうかも定かではない。ケース数が60を超えた現在ですら危機感を覚える。来年には100を超えるだろう。支援の質を落とすことは決してできない。同様の状況が，センター機能を担う障害児教育諸学校に起こり得るわけである。

　以上の課題を考えると，「専門家チーム」「巡回相談員」「特別支援連携協議会」等の支援システムを一刻も早く整える必要がある。外部支援専任の複数教員配置は不可欠である。

　筆者らも，「O養護学校支援部」としてではなく，公的な支援ネットワークの一員として相談・支援に当たるのが本来の姿であろう。「支援されてよかった」という実際の声が広がり，責任と信頼をもって特別支援教育の一翼を担っていけるように今後も努力していきたいと考えている。

（安部博志）

〈文献〉

安部博志・北村博幸・安川直史（2005年2月）「個のニーズに応える特別支援教育の深化と充実を目指して――地域支援モデルの構築」『筑波大学附属大塚養護学校　支援部研究紀要』第2集

小林重雄・園山繁樹・野口幸弘編著（2003）『自閉性障害の理解と援助』コレール社

河野俊寛・桝倉千恵子・下野令子（2004）「養護学校でのサポートブック作成教室の試み」『日本特殊教育学会第42回大会発表論文集』

瀬戸口裕二・安部博志・北村博幸（2004）「コーディネーションの実践――養護学校のセンター的機能」『LD学習障害――研究と実践』13（3）（【特集】特別支援教育コーディネーターの役割）p.23-30

武蔵博文（2003）「障害児のためのサポートブック作成教室の試み」『日本特殊教育学会第41回大会発表論文集』

Wing,L.,The autistic spectrum：A guide for parents and professionals. London：Canstable, 1996／久保紘章・佐々木正美・清水康夫訳（1998）『自閉症スペクトル：親と専門家のためのガイドブック』東京書籍

4章　個別の教育支援計画の作成・実践例

6．言語に障害のある児童生徒の事例

　小・中学校における個別の教育支援計画の作成と実践について，これまでの実践事例を参考にして記述してみることにする。

　個別の教育支援計画は，児童生徒一人一人の教育的ニーズに対応した適切な教育をその生涯を見通し，チームワークとネットワークで支えていくという考え方を実現するためのツール（道具）として考えられている。

　これまでの実践の中にもこうした視点での取り組みが多くあった。そうした実践事例を取り上げて，今後の個別の教育支援計画の実践に役立てたいと考える。

(1)　個別の教育支援計画作成の意義

　通常の学級に在籍する言語に障害のある児童生徒は，例えば，構音に誤りがある，ことばのリズムに異常がある，聞く話す等のことばの基礎的事項に発達の遅れがあるなどのことばそのものの障害状況があるだけでなく，そのことで，ことばが通じにくかったり，周囲の他者とのコミュニケーションがうまくいかなかったり，人間関係そのものが障害されたりすることがある。さらに，肯定的な自己理解が阻害されたり，自己肯定感を形成しにくい状態になったりして，健全な発達や成長が損なわれることもある。

　そうした観点から，言語に障害のある児童生徒への支援は，言語症状そのものの改善を図ることだけでなく，周囲の他者とのコミュニケーションの促進やコミュニケーション障害状況の改善，本人の肯定的自己意識の形成など様々な側面からの支援が必要となる。そのためには，学級担任及び在籍校の教職員，通級による指導担当教員，保護者，親の会，当事者団体等を含めた，多様な人たちとのかかわりや支援が必要となっている。

　ここでは，いくつかの指導・支援の実践事例をもとに，周囲の関係者が協力関係を築きながら児童生徒を支援したプロセスを個別の教育支援計画として整

理し記述してみることにする（事例は，いくつかの特徴を組み合わせた想定事例である）。

(2) 事例にみる個別の教育支援計画作成の組織と手順

1）事例の概要
ここで取り上げる事例の概要は次のとおりである。
① プロフィール：Y児　小学校　5年生　男
② 主訴及び児童の状況：人とのかかわりが消極的であったり，衝動的な行動が見られるという学級担任及び保護者からの訴えがあった。吃音があり，発話が滞ったり，途切れたりする。話したいという気持ちはありながら，発話を避ける傾向もある。クラスメートとのかかわりも消極的で，自分からかかわろうとはしないことが多い。クラスメートとのかかわりの中で気持ちが通じない時があると，衝動的に乱暴な振る舞いをすることがある。
③ Y児はA小学校に在籍しているが，この学校には通級指導教室がないので，B小学校の通級指導教室で特別の指導を受けたいと希望している。

2）個別の教育支援計画作成の組織
在籍校と通級指導教室のある学校の双方に個別の教育支援計画を検討する機能が存在する。在籍校では，校内支援委員会が個別の教育支援計画の作成を検討し，通級指導教室のある学校では，通級指導教室が中心となって個別の教育支援計画の作成を検討することになる。また，児童生徒への教育的支援の実際の取り組みも，在籍学級と通級指導教室を中心に，それぞれの場で行われることになる。そこで，在籍校（在籍学級）と通級指導教室のそれぞれの取り組みを連絡調整するのが，各学校の特別支援教育コーディネーターの役割となる。

また，通級指導教室担当者は，障害にかかわる専門的な支援を担う者として，地域における特別支援教育コーディネーターの役割を担っている。

ここで取り上げた事例においては，在籍校の校内支援委員会の構成員として，管理職，学級担任，養護教諭，校内の関係教職員，特別支援教育コーディネーターの7名がメンバーとなり，全体の連絡調整を行うことになった。

また、通級指導教室が設置されているB小学校においては、通級指導教室事例検討会が組織され、在籍校の代表教員も含めて連絡調整を行い、支援体制を明確にすることとなった。

3）Y児に対する個別の教育支援計画の策定
ア．在籍校での取り組み
Y児の在籍するA小学校においては、次のような取り組みが行われた。

① Y児について保護者から相談があり、また、学級担任から校内体制で支援を行いたい旨の要請が特別支援教育コーディネーターにあった。
② 特別支援教育コーディネーターは、個別のシートを用意し、学級担任及び校内関係者への記入を依頼し、Y児の実態把握に取り組んだ。
③ 特別支援教育コーディネーターの要請で、校内支援委員会の支援検討会議が開催された。
④ 校内支援委員会においては、個別のシートによる情報をもとに、Y児の状況について多側面から実態把握し、それを整理していった。
⑤ Y児の状況について、参加職員により、多側面から協議検討し、問題状況を見立て、また、支援策を検討した。学級担任としては、得意な面を認めて、励まし、自信をもたせることや、Y児の気持ちをしっかり聞いて受け止めること、クラスの子どもたちにも、あたたかく接するように指導することなどが確認された。また、サッカークラブの指導担当教員には、Y児が得意とするサッカーの活動の中で、認めて自信をもたせるように働きかけること等校内の教職員がそれぞれの立場でできることを提案・協議した。こうした具体的な支援の内容が、個別シートに記入された。また、より専門的な見立てと支援について、通級指導教室等を活用することが提案され、保護者の希望と了解のもとに、特別支援教育コーディネーターが連絡調整を行うこととなった。

校内支援会議で検討され、整理されたY児の個別シートを表4－13に示す。

イ．通級指導教室での取り組み
前述した在籍校の取り組みを踏まえて、次のような取り組みが行われた。

6．言語に障害のある児童生徒の事例

表4-13　Y児の個別のシート〈在籍校〉　実態把握と状況の判断及び支援策を検討するための個別シート

[主訴・気になる特徴] 吃音があり，発話が滞ったり，途切れたりする。人とのかかわりが消極的であったり，衝動的な行動が見られる。					
観点	学習面・学力面	生活面・行動面	健康・身体・運動	心理面・社会性	家庭・地域・その他
観察者・情報提供	学級担任・保護者 ──────── その他の関係者	学級担任・保護者・クラブ担当 ──────── その他の関係者	学級担任・養護教諭・保護者 ──────── その他の関係者	学級担任・同学年 ──────── その他の関係者	保護者・児童館・学級担任 ──────── その他の関係者
実態の把握の段階	〈学級担任〉 学習はよくできる。特に算数が得意。国語の音読に苦手意識があるようだ。	〈学級担任〉 吃音がある。生活面での活動にまじめに取り組む。 〈クラブ担当〉 サッカークラブに所属し，熱心に取り組む。	〈学級担任〉 運動面では，すぐれている。 〈養護教諭〉 健康面では特に問題はない。	〈学級担任〉 おとなしく我慢強いが，時にかっとして，乱暴な行動をすることがある。友達関係を作ることに消極的である。	〈学級担任〉 子どもの教育に熱心。 吃音を心配している。
協議検討段階	吃音があるのは，何か原因があるのか，専門的機関で診てもらう必要はないか。 吃音を気にしているようだ。そのために，消極的になっている面があるかもしれない。 算数が得意で，自分でも自信があるようだ。得意な面を認めて，励まし，自信をもたせるように働きかけたらよい。 クラブ活動などで仲のよい友達を作り，交友関係を広げてあげたらどうか。 保護者の心配が大きいので，専門機関での見立てや助言が必要だろう。 吃音があるためか，自分の気持ちを伝えることが苦手なようだ。そのために友達関係でのトラブルがあるのかもしれない。子どもの思いをしっかり聞いてあげたらどうか。クラスの子どもたちにも，あたたかく接するように指導が必要。				
支援の段階	〈学級担任〉 算数など得意なことを認め励ます。本人と相談し，個別に音読の練習をする。	〈教頭〉 全校朝会，行事の時に個別に配慮する。 〈クラブ担当等〉 個別に配慮する。	〈養護教諭〉 観察をし，専門機関での聴力検査を勧める。	〈1年生の時の担任〉 放課後や休み時間に一対一でのかかわりをもつ。	〈教頭・教育相談〉 保護者面談を行う。 〈コーディネーター〉 通級指導教室の情報収集する。

① 在籍校・保護者からの要請により，事例検討会を中心とした相談活動が開始された。まず，Y児について在籍校及び保護者からの情報に基づき，情報の整理と実態把握のための個別のシート（表4-14）が作成された。
② 通級教室の事例検討会で，在籍校，保護者，関連機関から情報が収集され，整理されて，個別のシートに記入していった。
③ 整理された情報をもとにして，協議を行った。その中で，Y児の状況を見立て，通級による指導で行う個別指導と，在籍校・保護者や地域の関係諸団

4章　個別の教育支援計画の作成・実践例

表4-14　Y児の通級指導教室における個別のシート

[障害及び特徴]
吃音がある。発話が滞ったり，途切れたりする。人とのかかわりが消極的であったり，衝動的な行動が見られる。

観点	通級指導教室での支援	在籍学級での支援	在籍校での校内支援	家庭での支援	地域での支援	当事者団体での支援
支援者関与者	通級指導担当教員	在籍学級担任	同学年担任 クラブ担当	保護者・家族による支援	少年サッカーチーム	吃音者団体
実態の把握の段階	〈通級指導担当教員〉吃音症状は難発で，髄伴症状を伴う。自分の吃音について意識している。	〈在籍学級担任〉集団への参加，交友関係が希薄である。好きなこと，得意なことへは，熱心に取り組む。	〈同学年担任〉他の学級に仲のよい友達がいる。〈クラブ担当〉サッカークラブに所属し，熱心に取り組む。	〈保護者からの情報〉落ち着いて話すように助言している。	〈関係機関からの情報〉サッカーチームでは，活発に活動している。	
協議検討段階	吃音の症状はある程度安定しているが，時折，発話が苦しい時があるようだ。ことばが出にくい時の脱出方法を検討する必要があるのではないか。 衝動的に乱暴するような状態があるが，吃音があるために気持ちをことばで伝えにくいことが一要因になっているようだ。楽に話せる場面を作り，周囲との気持ちの交流を深めることが必要ではないか。 運動面等ことば以外の側面でそのよさを認め，自信をもたせることが必要ではないか。 自分の吃音について向き合い，肯定的な自己理解をうながす必要がある。そのために，自分のモデルとなる成人や青年の吃音者との触れ合いも必要であろう。 保護者が子どもの吃音を受け止めることが必要だろう。保護者との話し合いも重要だ。					
支援の検討段階	〈通級指導担当教員〉	〈在籍学級担任〉	〈同学年担任〉	〈保護者〉	〈地域資源〉	〈成人・青年の吃音者〉

体で行う支援策が検討された。例えば，通級指導教室では，発話が苦しい時があることから，ことばが出にくい時の脱出方法を指導すること，吃音があるために，気持ちをことばで伝えにくいことが乱暴な側面の一要因になっているのではないかとの見方から，楽に話せる場面を作り，周囲との気持ちの

交流を深めること，ことば以外の側面でＹ児のよさを認め，自信をもたせること等について，在籍学級と連携して行うこと等の検討などである。また，自分の吃音について向き合い肯定的な自己理解をうながす必要があることから，自分のモデルとなる成人や青年の吃音者との触れ合いも必要であると考えられ，吃音者の団体主催の集いに参加することなども検討された。
④　こうして検討された支援のあり方を，個別のシートに書き込んでいった。
⑤　作成された個別のシートが在籍校に示された。在籍校では，再度，校内支援委員会が開かれ，通級指導教室から示された個別のシートをもとに検討し，今後の取り組みが確認され，Ｙ児の個別の教育支援計画として，保護者，通級指導教室とで共有されて，支援が実施されることとなった。

4）二つの側面からの取り組み
（各学校内での個別的な対等の側面と学校外の専門機関・専門家等との連携）

吃音のあるＹ児への支援は，在籍校での個別的な支援，Ｂ小学校の通級指導教室での個別的支援，地域や家庭での支援に加えて，吃音者団体の活動への参加が提案されている。個別の支援計画の策定には，在籍校の特別支援教育コーディネーターと通級指導教室の担当（地域の特別支援教育コーディネーター）がかかわり，在籍校の特別支援教育コーディネーターは，校内での支援体制について検討し実施するキーパーソンとして，また，通級指導教室の担当教員は，言語障害の専門家として，専門的な立場から，本人への指導に加えて，在籍校・在籍学級担任，保護者を支援するとともに，地域の特別支援教育コーディネーターとして，地域資源との連携を促進する役割を担うことになる。この事例からも，こうした幅広い取り組みの必要性が浮かび上がる。

5）個別の指導計画と個別の教育支援計画

個別の教育支援計画は，その記述項目や内容が様々に工夫されることと思うが，児童生徒の教育的支援をチームワークやネットワークで行うためのもので，支援にかかわる人たちがそれぞれの立場での意見を述べたり，提案をしたりして支援に参加していくそのプロセスを記述したものと考えてもいいだろう。様式にとらわれず，学校や地域で児童生徒を支援するための道具として，活用

4章 個別の教育支援計画の作成・実践例

表4-15 Y児の個別の教育支援計画

作成年月日　　年　　月　　日

名前	Y児　男　生年月日　H○○○	保護者名		学級担任		通級担当		備考
参加者	在籍校　校長　教頭　特別支援教育コーディネーター　学級担任　学年担任　養護教諭　その他の関係職員　（保護者）母親 通級指導校　特別支援教育コーディネーター　通級指導教員							

[障害及び特徴]
吃音がある。発話が滞ったり，途切れたりする。人とのかかわりが消極的であったり，衝動的な行動が見られる。

観点	通級指導教室での支援	在籍学級での支援	在籍校での校内支援	家庭での支援	地域での支援	当事者団体での支援
支援者関与者	通級指導担当教員	在籍学級担任	同学年担任 クラブ担当	保護者・家族による支援	少年サッカーチーム	吃音者団体
実態把握	〈通級指導担当教員〉 吃音症状は難発で，随伴症状を伴う。自分の吃音について意識している。	〈在籍学級担任〉 集団への参加，交友関係が希薄である。好きなこと，得意なことへは，熱心に取り組む。	〈同学年担任〉 他の学級に仲のよい友達がいる。 〈クラブ担当〉 サッカークラブに所属し，熱心に取り組む。	〈保護者からの情報〉 落ち着いて話すように助言している。	〈関係機関からの情報〉 サッカーチームでは，活発に活動している。	
支援の方向	吃音の症状はある程度安定しているが，時折，発話が苦しい時があるようだ。ことばが出にくい時の脱出方法を検討する必要がある。 衝動的に乱暴するような状態があるが，吃音があるために気持ちをことばで伝えにくいことが一要因になっているようだ。楽に話せる場面を作り，周囲との気持ちの交流を深めることが大切である。 運動面等ことば以外の側面でのよさを認め，自信をもたせることが必要である。 自分の吃音について向き合い，肯定的な自己理解をうながす必要がある。そのために，自分のモデルとなる成人や青年の吃音者との触れ合いも必要である。 保護者が子どもの吃音を受け止めることが必要である。保護者との話し合いも重要だ。					
支援計画	〈通級指導担当教員〉 吃音の状況から脱出する方法を習得する。 音読や場面での練習など話すことへの苦手意識を改善する。 得意なことを伸ばし深め，自信をもたせる。 吃音への意識を変更し自己の肯定的な理解をうながす。	〈在籍学級担任〉 小集団活動を工夫し，交友関係を深めるように留意する。得意なことを認め伸ばす。音読など苦手な場面では，本人の意向を尊重して活動させる。 違いを認め合う学級集団の形成に努める。	〈同学年担任〉 学年合同の活動の場を設定し，他の学級の児童とのかかわりを深める。 〈クラブ担当〉 よいところをほめ，自信をもたせるとともに，仲間との関係を深める。	〈保護者〉 子どもの話し方ではなく，話す内容に耳を傾ける。得意なことを励まし伸ばす。 吃音への否定的な意識を変更し，子どもと子どもの吃音の肯定的な受けとめをうながす。	〈地域資源〉 チームメイトとの関係作りに配慮する。本人のよいところを認め，活躍できるような場面を設定する。	〈成人・青年の吃音者〉 吃音のある成人や青年との触れ合いを通して，人とのかかわり方や自分の生かし方を学ぶ。

6．言語に障害のある児童生徒の事例

表4－16　Y児の個別の指導計画

作成　年　月　日

Y児　H.○.○.○生　男　保護者　　　　在籍校（　　）小学校　年　組　担任（　　）		
[主訴・気になる特徴] 吃音があり，発話が滞ったり，途切れたりする。人とのかかわりが消極的であったり，衝動的な行動が見られる。		
[生育面での記録] 発達は順調 初語1歳，言語発達は順調 発吃は3歳頃		[諸検査] ○○検査結果　○○ ○○検査結果　○○
[言語面での記録] 発話が滞ったり，途切れたりする。自発的な発話は少ない。		[行動面での記録] おとなしく我慢強いが，時にかっとして，乱暴な行動をすることがある。 友達関係を作ることに消極的である。
[在籍学級での様子と教育的ニーズ] 学習はよくできる。特に算数が得意。 国語の音読に苦手意識があるようだ。生活面での活動にまじめに取り組む。 運動面では，すぐれている。サッカークラブに所属し，熱心に取り組む。		[家庭での様子と保護者のニーズ]
指導目標	・発話の流暢性を高める。話すことへの苦手意識を改善する。 ・コミュニケーション意欲を高める。 ・聞く・話すのコミュニケーションの基本的態度・技能の向上を図る。 ・得意なことを伸ばし，好きなことを広げ，自信や肯定的な自己意識を育てる。 ・障害への理解を深める。 ・集団への参加や人とのかかわりを深める。	
通級指導	[個別指導] 自分のことや吃音への考え方を話し合い，肯定的な自己意識を育てる。 音読練習を通して，吃音への苦手意識を克服する。発表場面を設定し，発表への苦手意識を克服する。 [小集団指導] 同じ吃音の仲間と吃音への考え方を話し合い，肯定的な自己意識を育てる。 話し合い活動を通して，コミュニケーションの基本的態度・技能の向上を図る。	
在籍学級	[国語・その他の教科指導] 本人と相談し，音読学習での配慮を行う。発表での指名について，配慮する。 得意なことを励まし，伸ばす。（算数・体育） [その他の配慮事項] グループ活動を取り入れ，友達関係を深める。	
評価	学期ごとに指導評価し，1年ごとに評価し，指導方針，指導内容等，指導計画を見直す。	

しやすいものを工夫することが大切である。ここでは，Y児に対して作成された個別の教育支援計画を表4-15に示したので，参考にされたい。

これに対して，個別の指導計画は，教師が専門的に指導を組み立て，より効果的に指導を行うために計画し記述するものである。児童生徒を的確に見立て，判断し，指導の方針やねらいを明確にし，指導の内容と方法を検討し，評価していくプロセスを積み重ねていくためのものである。

在籍学級では教科指導を中心に，通級指導教室では障害にかかわる内容の指導をより専門的に，より効果的に行うとともに，保護者へのインフォームドコンセントと関係者への説明責任を果たすためにも活用されるものである。ここでは，Y児に対する個別の指導計画を表4-16に例示するので，参考にされたい。

（松村勘由）

7．小学校の難聴言語障害通級指導教室に通級する児童の事例

(1) 難聴言語障害通級指導教室対象児の変化

1）主訴の変化

難聴通級指導教室は聴覚障害児に，言語障害通級指導教室は構音障害や吃音等の主に言語表出面に特別のニーズをもつ児童に対応するために設置されている学級である。近年，対象となる児童の状況が変化してきており，主訴の背景に言語理解や概念化，また身体運動や対人関係の不器用さをあわせもつ児童が増えてきた。そのような児童が増えるにしたがい，特に言語障害通級指導教室には言語表出面の課題だけでなく，理解や読み書きを主訴として相談に来る児童が増えている。

2）通級指導教室の役割の変化

筆者の所属する小学校では，軽度発達障害に対する専門家による通常の学級担任への巡回相談が行われており，各学年ともに，年に1回以上は相談するこ

とになっている。「学級担任が気になる子」として、日頃の指導の中でもう少し手を掛けたい、援助の方法を知りたいと思う児童を挙げて、相談に応じてもらうのである。昨年度は学校全体を通じて10％以上の児童が相談対象となり、検討の結果、そのうちの半数が通常の学級の中での配慮、$\frac{1}{4}$が校内に併設の難聴・言語・情緒障害通級指導教室での通級による指導への勧め、さらに$\frac{1}{4}$がカウンセラーや医療機関等へ紹介ということになった。

巡回相談を通じて、学級の中でキレたり集中できなかったり等の行動上の問題がある児童、つまり従来の就学判定では情緒障害通級指導教室の対象と思われる児童たちが担任から挙がってきた。しかし、それらの児童のうち、困難さの程度があまり重くない児童の場合、情緒障害学級の1日単位の指導よりも難聴言語障害通級指導教室（以下、「難言学級」とする）の時間単位の指導が適しているのではないかと思われたので、市教委判定委員会とも協議を行い、言語・コミュニケーションの課題だけではない児童でも、言語的やりとりの中で自己理解を深め、ソーシャルスキル等を身につけるために、難言学級への通級で指導を行うこととした。

(2) 通級による指導対象児の個別の教育支援計画
（個別の指導計画を含む）

教育支援の観点からは、小学校入学以前及び卒業後の進路選択、将来の見通しを含めた計画が必要である。また、個別の指導計画としては通級による指導の場だけでなく、児童のすべての生活の場を基盤として考えることがポイントとなる。

1）小学校入学前後における連携に基づく教育支援
ア．就学前教育との連携
小学校の通級指導教室の対象児が、就学以前からその児童の課題や特性に合ったプログラムを受けている場合には、当然のことながら保護者の了解のもとに、引き継ぎや協議を行うことになる。しかし、通級指導教室に通ってくる児童の場合、就学前には課題が見つかっていないことが多い。だからといって児童の

問題行動はなかったのか,それとも保育者・指導者及び保護者は特別なニーズがあると見てはいないが,行動の特徴としては現れていたのか等について,知る必要がある。また,将来的には心配な問題があるのではと保育者や保護者が感じていながら,あえてそれを認めてこなかった場合もあり得る。いかなる場合でも,就学前の指導者等との情報交換や協議を行うことが求められる。

イ.中学校・進路への見通し

通級による指導の場合,単純に中学校の通常の学級への進学だけでなく,現行のシステムでいえば,中学校の固定式特別支援学級,通級指導教室,養護学校中等部,その他各区市で行う適応指導教室等や民間教育機関など,様々な選択肢が考えられる。これらすべてについて情報を得ておくことが適切な進路選択には不可欠である。そこで,軽度発達障害児や難聴児,言語障害児の親の会等,地域のネットワークを活用するなどして,情報収集に努めることが大切である。

2）通常の学級や家庭での変化を見通した計画

通級指導教室は,通常の学級に在籍する児童生徒の支援を行う教室である。したがって,個別の教育支援計画や個別の指導計画を作成する場合,通級による指導で身につけた技能や態度を,通常の学級や日常生活の中で,どのように生かすことができるかを具体的にイメージして対応することが求められる。

ア.指導の場の設定

通級指導教室における個別の教育支援計画や個別の指導計画では,①通級による指導,②通常の学級,③家庭,の三つの場の設定が不可欠である。また,通級による指導の場では個別指導だけでなく,小集団の一員としての指導の目標設定も大切である。さらに,場合によっては学童クラブや地域のスポーツ・文化施設での指導と連携することも視野に入れなければならない。

イ.指導の領域

三つの場の設定が大切な点を指摘したが,特に通級による指導と通常の学級における指導のそれぞれの場においては,学習面,行動・生活面について,明確に分けた目標の設定を行っていきたいものである。とりわけ,通級による指

導や通常の学級における指導において，通級による指導を担当する教師が計画立案にかかわる場合には，細かいプログラムが検討しやすいので，言語，対人関係を含むコミュニケーション，運動面，情緒のコントロール，生活習慣等の領域別の目標設定に心掛けなければならない。また，学校の全教育活動を通して，児童の認知特性に合わせた学習面の目標設定が重要となる。

(3) 作成手順

　通級指導教室に通ってくる児童の場合は，通常の学級において指摘されている特別なニーズと，通級指導教室において示す実態との間に落差があることも多い。しかし，それは場によって見え方が異なるだけであり，あくまでも一人の同じ児童が見せる諸相であることを理解し，それを前提として個別の教育支援計画や個別の指導計画を立案していくこととなる。この場合の作成手順は次のとおりである。

　①的確な実態把握→②様々な角度からの実態把握を総合した見立てと仮説→③目標設定→④指導内容・方法・配慮事項の決定→⑤実践→⑥評価

　これらを年度等の一定期間ごとに繰り返し行っていくわけであるが，特に実態把握は計画立案の根拠となるものであるから丁寧に的確に行う必要がある。

1）実態把握

　軽度の課題をもっていそうな児童の場合，実態把握の筆頭に心理アセスメントが挙げられる。しかし，詳細で正確な認知の偏りを分析するために，心理アセスメントの利用は不可欠であるが，学校現場で大切にされなければならないのは，担当の教師による的確な行動観察，保護者からの生育歴や実際の家庭におけるエピソードの収集，在籍する通常の学級における行動特徴の情報等である。これらに関する精度の高い情報を収集し，アセスメントに活用するためには，児童にかかわる教師たちの観察の力を高めていくことや，互いに高め合っていこうという意識が必要である。

ア．行動観察

　通級指導教室，在籍学級それぞれの場で観察できる事柄は異なるが，教師は，

各領域ごとに発達段階の枠組みをもって児童を観察していくことが大切である。領域ごとのポイントとしては，次のような事柄が挙げられる。

　　ア）通級指導教室における実態把握
○ 言語・コミュニケーション
　〈聞く〉囁声の聞き取りや聴力検査による聞き取りのチェック，聞き取れる文の長さ，内容
　〈話す〉構音や吃音の問題の有無，また問題の傾向，話す文の長さ，内容，文法的な誤り
　〈読む〉読める文の長さ，内容，読むスピード，読解力
　〈書く〉表記の特徴，書ける文の長さ，視写及び聴写における傾向
○ 対人関係
　〈1対1の関係〉担当者と1対1の場面でのコミュニケーションの様子，相手への注目等
　〈小集団での関係〉集団での様子，場の状況やその中の自分の役割を理解して会話に参加しているか，社会性やコミュニケーションのマナー等
○ 運動・動作
　〈粗大運動〉学習の姿勢や簡単な運動を通して体幹の支えや上肢下肢の動きの観察，力の方向や大きさのコントロール
　〈微細運動〉手先の動きや眼球運動，構音の際の構音器官の動き等
○ その他
　〈基本的生活習慣〉服装や清潔，排泄，道具の始末，簡単なことに対する手順の要領よさ等
　〈情緒のコントロール〉思うようにならないことや忘れ物などの突然の出来事に対してどのように気持ちや行動をコントロールできるか

　　イ）通常の学級における実態把握
　通級指導教室で挙げた項目について，通常の学級担任の立場から見るとどうかを聞き取ったり，通級指導教室担任が学級に出向いて直接観察したりする。通常の学級担任に聞き取りをする際には，例えば次のような，イメージしやす

い具体的な項目を挙げることが重要である。
○ 聞く・話す
- 1対1でどの程度の長さや内容の文が理解できるか，また話せるか。
- 経験について順を追って話せるか，場面を共有していない話題の時，相手に分かるように話せるか。
- グループ学習の時，どの程度の長さや内容を理解して話せるか。
- 給食等，自由な場面で友達の話がどのくらい聞き取れ，自分も話せるか。
- 集団の中で，どの程度の長さ，内容の指示が理解でき，話せるか。
- 物語を読み聞かせた時に内容を理解し，登場人物の思い等が感じられるか。

○ 読む・書く
- 平仮名清音では，どんな字につまずくか（「ね・れ・わ」「め・ぬ」等，似たような形につまずくか，「に」を「り」と読んでしまうなど似たような音でつまずいているか）。
- 濁音・促音・拗音等では，つまずきやすいところに条件があるか。
- 片仮名の読みも平仮名と同様であるか。
- 学年相当の漢字が読めるか，どのような読み方をするか（読めなくても意味は取れているか，似た音で読んでいるか）。
- 書字についてはどうか。
- 仮名と漢字ではどちらが誤りやすいか。
- 音読と理解の差はあるか。
- 登場人物の気持ちを読み取れているか。
- 順を追って話が書けるか。

○ 行動面
- どんな時に離席，手いたずら，落ち着かないことが多いか。
- ミスが多かったり飽きてしまうことが多い場合，どんなことだったら集中して持続して取り組むことができるか。
- ボーッとしているのはどんな時か。
- 何となく他人行儀で大人びた言葉遣いをしていないか。

- 他の子どもが興味をもたないようなことに非常に詳しく，相手の興味には頓着せず話したがることはないか。
- 知識が豊富で話もするが，独りよがりの話が多くないか。
- もし〜だったら，というようなことがなかなか思いつかず，話せないことはないか。
- 新しいことに直面すると不安になったり騒いだりすることがあるか。

○ 運動・動作

〈粗大運動〉
- 基本の運動：歩く，走る，跳ぶ
- 器具を使った運動：鉄棒・縄跳び・跳び箱
- ボール運動：ルールの理解

〈微細運動〉
- 文字表記が著しく不器用なことはないか，その場合の特徴
- 折り紙・はさみ・糊付けの仕方
- 描画，特に人物画のバランスや描き方等

○ 基本的生活習慣・情緒面の安定
- 給食の食べ方，当番の仕方
- 掃除やグループの中の係分担，役割の仕方
- 身のまわりの整理整頓

イ．エピソードの収集

　行動観察を通して児童の課題が見えてきたら，保護者と面談をして，それぞれの領域について，家庭ではどうか，具体的に聞き取りを行っていく。これらの聞き取りが児童の特別なニーズを明確にしたり，場合によっては障害の種類を特定したりするのに役立つので，担当者は目的意識をもって面談に臨むことが必要となる。

　言語・コミュニケーション面に関しては，新生児期の喃語(なんご)から始語が出るまでの間のコミュニケーションも含めて，たくさん声を出していたか，あやすと反応していたか，始語（初めての語「マンマ」「ブーブ」），二語文（「ブーブあっ

ち」等）の時期，その後の言葉の増え方などを聞き取ることが大切である。軽度発達障害児童の場合は，これらの発達が遅かったり，通常の発達と順序が逆転したり等の特徴が見られる場合があるので，留意して聞き取ることが大切である。

対人・コミュニケーションについては，人見知りや後追い等，特定の人物との愛着が形成されたかどうかを把握しておくことも忘れてはならない。

その他，運動発達，栄養・離乳・食事のとり方，排泄，既往歴等，発達のポイントを押さえておく必要がある。

ウ．標準化された検査

行動観察やエピソードの収集の後，または並行して標準化された各種検査を必要に応じて行う。

〈聴覚言語面〉各種聴力検査，構音検査，吃音検査，絵画語彙検査，ＩＴＰＡ
　　等言語学習能力の検査，読書力検査

〈心理アセスメント等〉ＷＩＳＣ-Ⅲをはじめとするウェクスラー系の検査，
　　Ｋ-ＡＢＣによる認知特性の検査，田中ビネー等

〈描画検査〉グッドイナフ人物画検査，バウムテスト，ベンダーゲシュタルト検査等

〈その他〉心の理論課題，随意運動発達検査，フロスティック視知覚検査

2）教育的な見立て（判断）と指導仮説

行動観察，エピソード収集，諸検査結果を総合して，児童が年齢相応またはそれ以上に発達している面と，未熟な面，及びその遅れがどの程度であるのかを整理，教育的な見立てを行う。この時点で障害名が特定されたり推測されたりする場合もある。しかし，大切なことはどのような障害があるかではなく，それぞれの場，領域における課題は何なのか，そして児童生徒の学習や生活面で，中心となる困難さは何なのかである。特に軽度発達障害といわれる学習障害，注意欠陥／多動性障害，高機能広汎性発達障害等の診断が予測される場合は，それらの障害の特徴に振り回されることなく，実際の児童の生の姿からの判断こそが重要である。

指導仮説は，児童の興味や得意な面を十分に生かして，苦手な面を引き上げることを前提に作成することが望ましい。

3）目標の設定

通級指導教室，通常の学級，家庭・地域，それぞれの場における目標を設定していく。個別の指導計画を作成する場合は，およそ1年を目安とした長期目標と学期や半年を単位とした短期目標で構成する。それぞれの場における学習，生活（行動），また児童の課題により特別に取り上げる必要のある項目のそれぞれについて目標を立てていく。特に短期目標は，その期間の努力で達成できるものに絞り込み，具体的で達成可能なものにすることが大切である。

4）指導内容，方法，配慮事項の決定

目標を達成するための指導内容は，場や領域によって，最も必要で効果的なものを設定していく。

指導の方法には，児童の興味や得意な面を活用できる配慮が大切である。聴覚的に聞き取ることよりも見ることが得意な児童には，視覚的なヒントを活用した学習を取り入れ，視覚的な側面より言語的な側面からの援助が効果的な児童には，言葉での説明が中心となる。

また，児童の特性や周辺の事情に合わせて，配慮事項を加えていくことも忘れてはならない。

(4) 連携の実際（保護者及び各機関）

1）保護者への伝え方

通級指導教室における指導を，保護者がはじめから希望する場合は非常に少ない。むしろ，通常の学級で様々な困難に直面して，通常の学級担任や通級指導教室の担任から，「あなたのお子さんには，○○のような特別なニーズがある」ということを告知される過程を経由して，通級による指導に結びつく場合の方が多い。軽度の児童に対応する通級による指導の場合，従来の障害児学級における指導との大きな違いは，支援を受ける側の認識が薄いという点にあるといえる。特に就学前に我が子の特別なニーズを認識していなかった保護者に

とっては，初めて我が子の特別なニーズに基づく課題に直面することになるため，心理的な落ち込みから出発して，これらを理解して受け入れていくという過程をたどることになる。教師はこういった点を理解し，焦らず寄り添い，時には助言していく姿勢が求められる。

2）通常の学級担任との連携

通級指導教室の担任と通常の学級の担任とは，児童の課題を一緒に理解し共有していくために，様々な形の柔軟な連携が求められる。通級指導教室の中だけでは見えない児童の実態を知るための情報を得るだけでなく，担任を励ましていくことも必要な場合がある。特に子どもの特別なニーズに対する保護者への告知や，その特別なニーズに応じた指導の勧めに関しては，一時的であるにせよ，保護者のマイナス反応を通常の学級の担任が受け止めなければならない場合があるので，そのための心の準備や構えについてのアドバイスを行っておくことも必要である。ニーズに応じた特別な指導が開始されてからは，日々の指導の連絡のために，連絡帳によるやりとりや，電話や直接の面談を必要に応じて行っていくことが大切である。

3）医療機関との連携

通級指導教室の場合は，難聴児童は耳鼻咽喉科と，言語障害児童は小児科・口腔外科・リハビリテーション科等と，連携を行ってきた歴史がある。近年の軽度発達障害との関係の中では，小児神経科，小児精神科との連携が頻繁となっている。児童が医療機関で診断を受けた後に通級指導教室を訪れる場合と，通級指導教室が勧めて受診する場合等様々であるが，医療機関に診断や治療内容を問い合わせる場合は，保護者の同意が必要なので，その点には留意する必要がある。通級指導教室が勧めて医療機関で受診する場合には，保護者の承諾のもと，学校での実態と課題，教育の場での所見及び疑問に思う事項等を記した資料を，可能な限り提出できるようにしたいものである。なぜなら，軽度発達障害が疑われる児童の場合，診療室における短時間の診断だけでは，いくら専門の医師であっても正確な診断は非常に困難であるからである。学校現場からの客観的な資料は，診断の大きな援助となるのである。

4章 個別の教育支援計画の作成・実践例

4）相談機関との連携

　通級による指導の対象となる児童は，不登校の問題や家庭生活の不安定さ等，家族的な問題を抱えている場合も多く，地域の教育相談センターや民間相談機関で指導を受けている場合もある。心理療法や家族療法を受けている場合もあるので，これも保護者の同意のもとに，互いの役割分担や指導内容等をやりとりしておくことが望ましい。特に，児童の特別なニーズの背景に軽度発達障害がある時は，慎重にやりとりを行う。なぜなら，心理療法のアプローチと，高機能広汎性発達障害を含む軽度発達障害児へのアプローチとは方法が異なるため，児童が並行して指導を受けることが逆効果となる場合もあるからである。このような場合には，保護者に連絡を取り合うことを同意してもらった後に，互いの見立てを含めて話し合っていかなければならない。児童を取り巻く諸機関が連絡を取り合って，支援を手分けできるようになることが望ましい。

(5) 個別の指導計画の事例

1）小学校入学時に軽度聴覚障害が発見された児童

ア．事例の概要

　学年・性別：小学校6年，女子
　主訴：発音がおかしい
　通級指導教室への初来室：小学校1年

イ．生育歴・相談歴

　身体発達や対人認知は異常なし，言語発達は始語・二語文ともに遅れはなかったが，その後増えない。幼稚園年長の頃に，さ行の発音を誤るため幼児療育機関で構音指導を受ける。

ウ．実態把握

ア）聴覚障害

　さ行音の誤りがあるため，通級指導教室に相談に来た時（小学校1年）に，軽度の聴覚障害を発見した。感音性とみられるため医療機関受診で確認した。6年生になった現在，本児は自分の聴覚障害について理解しているが，そのこ

とを友達に話せないという状況である。

　イ）言語・コミュニケーション

　軽度難聴のため，通常の会話は聞き取れるが，騒音下や相手の声が小さい時の聞き取りが困難である。また，家族や親しい友達には聞き返すことができる。親しい人以外の人たちに対しては，内容的にも文法的にも話すことに不自由はないものの，口数は少ない。読み書きの能力は学年水準以上である。

　ウ）対人関係・社会性

　初対面の人に対する不安があり，打ち解けるのに時間がかかる。低学年の頃は親しい友達が少なかったが，学年が進行するにつれて仲のよい友達ができるようになった。6年生になった現在では，在籍している通常の学級の中で友人関係が広がり，ふざけることも多くなった。

　エ）認　知

　知的な遅れはないが，個人内差をみると言語発達はやや未熟である。また，動作性IQは年齢水準以上で，絵が得意である。

　オ）運動・動作

　手先が器用で，図画工作や家庭科等での細かい作業が得意である。粗大運動も問題なく，走るのが速く，リレーの選手にも選ばれる。

　カ）基本的生活習慣・情緒面

　情緒的には安定しているが，喜怒哀楽の表現がやや乏しい。また忘れ物が多いが，その他は特に問題がない。

エ．6年時における特別なニーズ（本児についての総合的判断）

　自己の聴覚障害について自覚し，周囲の状況をよく見て学習・行動をしているが，時と場合によっては聞き取れなかった時に聞き返すことができない。

オ．6年時の目標

　ア）長期目標

　様々な場と状況に応じて聞き取れなかった時の対処法を知り，自分で工夫したり，人に頼んだりすることができるようになる。

イ）短期目標（2学期）
- 通級指導教室：聞き取りにくい時の自分なりの工夫を習慣化させ，聞き返せなかった時の尋ね方を身につける。
- 通常の学級：学級の友達に自分が聞こえにくいことを理解してもらうために自己の聞こえにくさを伝えることができるようになる。
- 家庭：家族に電話がかかってきた時の取り次ぎ方を身につける。

カ．指導内容
- 校外からの通級：週1回90分の通級による指導（個別60分，小集団30分）
  （個別指導）聞き取りにくい時にどのように行動するとよいか具体的に考えさせる。通常の学級の友達に対して自分の聞こえにくさを伝えるための方法について話し合う。
  （小集団指導）高学年児童4人のグループで自分の得意不得意について話し合わせ，その中で聞き取りにくい状況の時にどうしたらよいか，グループの中で相談できるようにする。
- 通常の学級：学級担任及び通級指導教室担任の援助のもとで，自分の聞き取りにくさについて友達の理解を求める。

キ．指導の結果
- 通級指導教室での個別指導：聞き取りにくい時は，耳のそばに手や下敷きをかざして集音効果を高めたり，話し手に自分から近づくことを考え，1週間後の通級の際にできた時できなかった時を振り返り，それぞれの条件について具体的に考えることができるようになった。
- 通級指導教室での小集団指導：学習障害や吃音の児童が自分の特別なニーズ（課題）について語る中で，本児も自分の聴覚障害について語ることができた。また，聞き取れなかった時に，相手が話の途中でも，タイミングを見て「もう一度言って」と切り出すこともできるようになった。
- 通常の学級：親友，学級担任，通級指導教室担任との話し合いを設定し，道徳の授業を1単位時間もらって次のようなプログラムを実施した。
 ①感音難聴に関する通級指導教室担任の話，及び聴覚障害をシミュレーショ

7．小学校の難聴言語障害通級指導教室に通級する児童の事例

ンして作った録音テープによる聞こえにくさの疑似体験
②どんな時に聞き取りにくいか，その時に友達に何を頼みたいか等，本児の話
③友人からの質問と話し合い

ク．児童の変化と指導の評価

本児なりに日々の工夫ができるようになった。また，通常の学級の中で自分の障害について表明した結果，本児の勇気を級友が認め，聴覚障害についても肯定的に受け止めてくれるようになった。さらに，中学校進学に当たっては，他校から来る同級生たちに，級友たちが本児とともに聞こえにくさを説明したいという協力の申し出があったため，本児自身が勇気づけられることとなった。

本児の気持ちをほぐしながら時間をかけて計画を実行するとともに，通常の学級の担任と連携できたことが，本児及び周囲の友達の成長につながったと考える。

2）学習に集中できない書字困難な児童

ア．事例の概要

学年・性別：小学校5年，男子
主訴：指示語が多く何を言っているか分からないことがある，学習への意欲が乏しく，特に書字が苦手
通級指導教室への初来室：小学校4年の3学期末

イ．生育歴・相談歴

難産で，言語発達が遅く，3歳になっても名前が言えなかった。身体面の発達は順調で，泣かない手のかからない子であった。人見知りはなかったが，幼児期は一人遊びを好んだ。本児については，他機関に相談したことも勧められたこともない。

ウ．実態把握

ア）言語・コミュニケーション

個別的対応では内容の聞き取りが年齢水準以上であり，よく話し，聞かれていないことでも話したがる。読みは年齢レベルの本を自力で読めるが，書字は

175

形が整わず，やろうとしない。

　イ）対人関係・社会性

穏やかで友達関係は良好だが，同学年男子の中に入って遊ぶことは好まず，女の子と遊びたがる。個別場面では担当教師と視線が合い，やりとりが成立するが，小集団場面では話し合いに集中しない。通常の学級の学習場面では手遊びが多い。しかし，本児の好きな歴史等では挙手をして堂々と発言することがある。

　ウ）認　知

知的な遅れはなく，言語性ＩＱは動作性ＩＱに比べて有意に高い。機械的な記憶が苦手で，文字を書く等の処理速度が遅く，集中を要する作業も苦手である。

　エ）運動・動作

手先は器用ではないが，独自の発想で工作を行うことが好きである。運動は全般的に苦手だが，特に目と手，手と足等の協応運動が著しく苦手である。

　オ）基本的生活習慣・情緒面

整理整頓が苦手である。また，家庭では妹たちにけんか等で負けて，泣いてしまうことが多い。

エ．6年時における特別なニーズ（本児についての総合的判断）

本児の学習困難，注意集中の乏しさ，微細・粗大運動の苦手さの背景には，アスペルガー症候群がある（医療機関で診断した結果）。このことを踏まえて書字の課題への対処，及び特別なニーズの理解と進路選択を行う必要がある。

オ．学習と行動面への対処（6年時）

　ア）校内の通級による指導

週3回の指導を行う（個別指導2回　45分×2。小集団1回　45分）。

　イ）学習面

在籍する通常の学級で作文に取り組めるようにすることを目的とした。このため，通級指導教室においては，本児の書きたいことを語らせ，通級指導教室担任が構成メモを作成し，構成メモを本児自身が並べ替えて口頭で作文に綴る。

本児が読み上げる作文を担任がワープロ入力し，原稿用紙大に印刷する。印刷された原稿を1行ずつ切り取って視写する，という学習過程を実施した。

　ウ）行動面

　保護者及び本児自身に特別なニーズを理解させることを目的とした。他の保護者とともに軽度発達障害についての勉強会を開き，保護者が我が子の障害を理解し，家庭での対処について工夫できるようにする。また，本児自身に障害名の告知は行わないが，言葉で自分の得意・不得意を振り返ることができるようにする。

カ．指導の結果

- 学習：通常の学級では全く作文には取り組まなかったが，上記の指導の視写の部分を学級で行えるようになり，卒業前には原稿用紙1枚程度であれば，通常の学級内で自力で作文が書けるようになった。
- 行動：自己の特性について本児なりに理解し，中学校は通常の学級と心身障害学級の両方を進んで体験し，自分で進路を決定することができた。

キ．本児への取り組みの経過から

　本児は，小学校低学年の頃，通常の学級の中では発達の遅れがあるのではないかと思われるほど，学習への不適応が顕著であった。しかし，特に問題行動を起こすことはなく，手遊びやよそ見をして集中しないことが繰り返されていただけなので，担任から問題として取り上げられることはなかった。しかし，学校で取り組んだ巡回相談の中で本児が話題になり，通常の学級の担任の努力によって保護者との共通理解が図られ，的確な指導を行うことができた。本児のように行動面の課題が顕著でない場合においても，担任が気づき，対処していくことが重要であろう。

　　　　　　　　　　　　　　　　　　　　　　　　　　　　（田中容子）

〈文献〉
田中容子（2004）「軽度発達障害のアセスメント」学会連合資格「学校心理士」認定運営機構企画・監修『講座　学校心理士——理論と実践　3「学校心理士の実践」幼稚園・小学校編』第Ⅰ部3章，北大路書房
田中容子（2004）「コーディネーションの実践——小学校（通級指導の立場から）」『ＬＤ研究　研究と実践』第13巻第3号，日本ＬＤ学会

8．公立小学校における個別の教育支援計画の作成・実践例

(1) 「特別な教育的ニーズ」をどう考えるか

　H小学校は，通常の学級17クラス，障害児学級3クラス，児童数572名の公立小学校である。

　H小学校においては「一人一人を大切にする教育」を学校経営の目標としており，その一環として「特別な教育的ニーズ」（SEN）をもつ児童の支援に取り組んできた。その理念は，障害があるから特別支援教育を行うというものではなく，障害の有無にかかわらず「学習の遅れ」や「行動の問題」など「特別な教育的なニーズ」がある児童に対して，特別な教育的支援を行うというものであり，このことを職員会で確認し，支援を開始した。

　支援を開始するに当たり，校内支援システムを立ち上げるとともに，保護者も含めて支援に当たる関係者間でニーズの明確化と共有化を図り，「個別の教育支援計画」を作成して支援に取り組んできた。

(2) 個別の教育支援計画の意義

　特別な教育的支援を行うには，そのニーズを的確に把握（評価）し，支援に当たる関係者間でニーズの明確化と共有化が図られなければならない。また，ニーズに対応する多様な指導形態をいかに用意するかが大切になる。さらに，学校だけで十分な支援ができない場合は，医療・福祉などの専門機関や地域との連携も重要になってくる。その際，医療や福祉，地域の支援が必要な児童に関しては，学校が行う支援とともに各機関が行う支援の役割を記述し，積極的に連携を図っていくこととした。

　「個別の教育支援計画」は支援に当たる関係者間で，児童のニーズやサポートに関して共通の理解をもつためのツールであると位置づけている。

(3) 個別の教育支援計画作成の手順

　特別な支援を必要としている児童に対して支援を行う場合は，保護者や地域に対して本校の特別支援教育の意義を説明し，全校の保護者や地域の理解が得られる環境作りをした上で，校内支援システムを構築し，システムの中で「個別の教育支援計画」を作成し，児童の支援に当たらなければならないと考えた。このような手続きを重視したのは，保護者が特別な教育的ニーズに気づかないでいる場合，特別な支援を受けることが「罰」としてとらえられたり，支援を受けている児童が差別的な扱いを受けたりするおそれがあり，それが原因となって支援に支障をきたす状況が生じるおそれがあると判断したからである。

　さて，H小学校では，教育相談部が中心となり，次頁に示す四つのステージからなる校内支援システムを作り，支援に当たっている（図4－14）。

1）ステージ1：広報活動の実施

　学校長は特別支援教育事業を開始するに当たり「PTA役員会」や地域民生委員，地域PTA代表者，保護司，町内会代表者，子供会役員，地域幼稚園園長からなる「学校協力者会議」（学校評価委員会）にも事業の趣旨を説明し，理解と協力を求めている。また，年度当初に開催される「学校説明会」で特別な教育的ニーズのある児童を支援していくといった特別支援教育事業の概略を，保護者全体に説明することとしている。さらに保護者に対する相談支援や他機関との連携窓口として，特別支援教育コーディネーターを校務分掌に位置づけ，担任とともに保護者や児童本人の実際的な相談支援に当たるとともに，言語発達や教育相談にかかわる大学教員を校内専門家チームとして位置づけることとし，こうした支援体制を対象児の保護者に説明した。

2）ステージ2：特別な支援が必要な状態にある児童の把握のための全校スクリーニング（アセスメント）

　特別な教育的ニーズの領域は多岐にわたるが，国語や算数などの「学力面」と，学校生活の中の遊び・対人交流・身辺整理などの「行動面」の二者に大別して評価することとした。

4章　個別の教育支援計画の作成・実践例

```
ステージ1
    ┌─────────────────┐      ┌──────────────────────┐
    │ 学校長による説明会      │←────→│ 学校評価委員会：特別支援教育の説明 │
    │ 文書による広報活動      │      └──────────────────────┘
    └─────────────────┘
              │
─ ─ ─ ─ ─ ─ ─ ─│─ ─ ─ ─ ─ ─ ─ ─ ─ ─ ─ ─ ─ ─ ─ ─ ─ ─ ─ ─ ─ ─
              ▼
    ┌─────────────────┐
    │ 全校スクリーニング       │
    │  ①標準化された検査     │
    │  ②担任の実践活動を通した評価│
    └─────────────────┘
              │
    ┌─────────────────┐
    │ 校長への報告・教育相談会   │
    └─────────────────┘
ステージ2     │
─ ─ ─ ─ ─ ─ ─ ─│─ ─ ─ ─ ─ ─ ─ ─ ─ ─ ─ ─ ─ ─ ─ ─ ─ ─ ─ ─ ─ ─
              ▼
    ┌─────────────────┐      ┌────────┐
    │ 連絡会議               │─────→│ Aグループ │
    │  ①学習や行動の滞りの原因を探る│      └────────┘
    │  ②クラスベースの支援を行う児童の特定│
    │  ③詳しい検査が必要な児童の特定│
    └─────────────────┘
        │            │
   ┌─────────┐  ┌─────────┐
   │保護者の合意なし│  │保護者の合意あり│
   └─────────┘  └─────────┘
        │            │
   ┌─────────┐  ┌─────────┐   ┌────────┐
   │クラス環境の  │  │詳しいアセスメント│──→│ 医療機関 │
   │整備，相談支援 │  │WISC-Ⅲ，環境調査等│   │ 福祉機関 │
   └─────────┘  └─────────┘   └────────┘
                     │
           ┌─────────────────┐
           │ 個別の教育支援計画の作成    │
           └─────────────────┘
                     │
           ┌─────────────────┐   ┌────────┐
           │ 支援会議：ニーズの明確化と共 │──→│ Bグループ │
           │ 有化，支援内容の確認・修正  │   └────────┘
           └─────────────────┘   ┌────────┐
                     │            │ Cグループ │
ステージ3             │            └────────┘
─ ─ ─ ─ ─ ─ ─ ─ ─ ─ ─ ─│─ ─ ─ ─ ─ ─ ─ ─ ─ ─ ─ ─ ─ ─ ─
                     ▼
           ┌─────────────────┐
           │ プログラムの実施        │
           │ 支援会議メンバーによる評価  │
           └─────────────────┘
ステージ4
```

校内専門家チーム：児童の評価・授業への助言

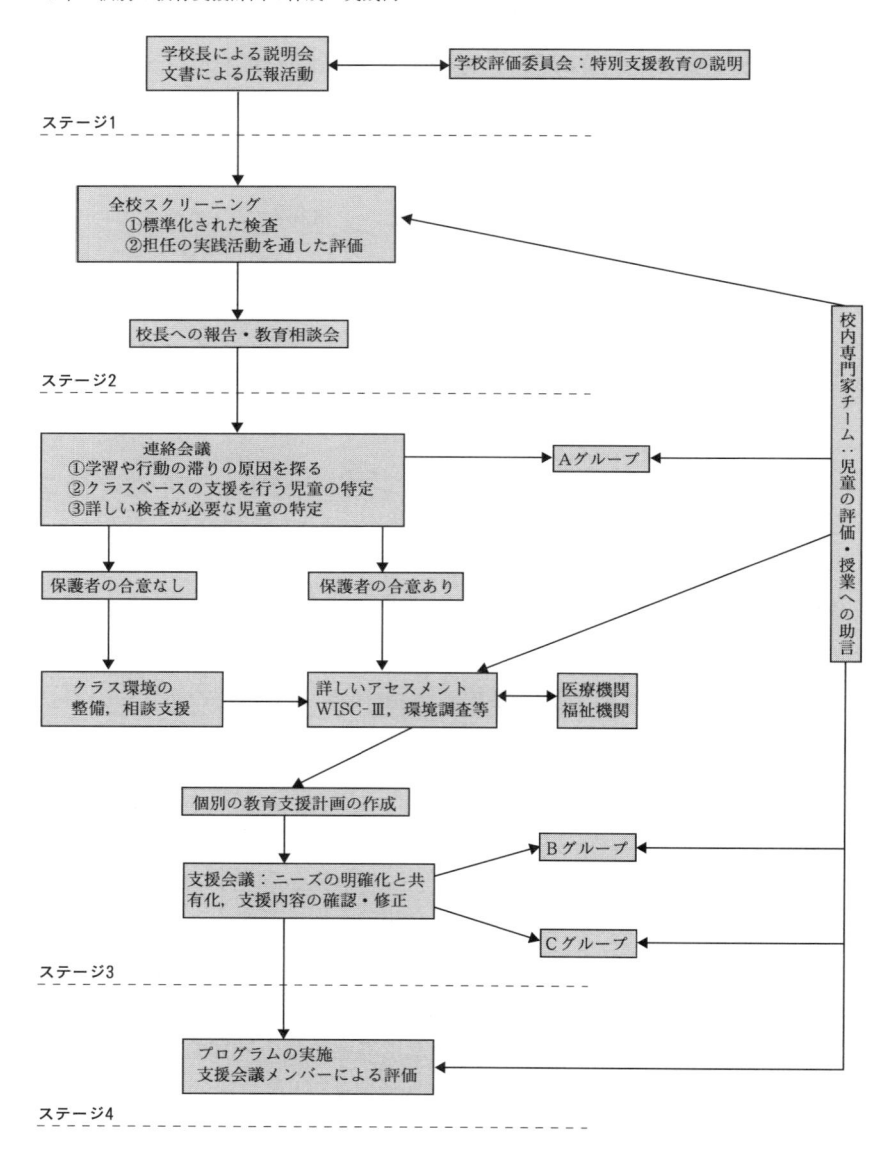

図4-14　校内支援システムの四つのステージ

8．公立小学校における個別の教育支援計画の作成・実践例

表4-17　特別な教育的ニーズとサポートの関係

グループ	ニーズレベル	対応するサポート
A	（学習面） 理解に時間がかかる。 読み違えが多い。 落ち着かない。	①授業中のワンポイント指導 ②学年でのコース別指導（算数） ③言葉や肩たたきで注意を喚起
A	（行動面） 一日の予定が理解できない。 机の中の整理ができない。	①始業前に予定表を記入して，一日の予定の確認 ②週末に担任と机の整理
B	（学習面） 学力検査で標準偏差30以下 読み違えが多い。 算数の文章題が解けない。	①担任による教材の工夫 ②教務主任・少人数担当者による学習支援 ③ボランティアの授業支援
B	（行動面） 教室での暴力・暴言がある。 登校しぶりがある。	①相談支援 ②校内リソースを活用した授業支援 ③学習相談室の利用
C	（学習面） 学力検査で標準偏差30以下で著しい学習の遅れがある。	①特定教科の個別指導 ②校内専門家チームによる個別の対応（相談支援など） ③医療・福祉機関との連携
C	（行動面） 反社会的行動（放火・窃盗）がある。 教室からの逸脱・授業妨害がある。 登校しぶり・自殺願望がある。	①医療機関との連携 ②保護者や本人への相談支援 ③養護教諭によるソーシャルスキルトレーニング
D	学習面や行動面の多くの領域で個別支援が必要である。	障害児学級での指導 個別指導重視

　特に学力は「見えにくい教育的ニーズ」であるが，本校においては以前より「様々な行動問題を示す児童は，学年相当の学力が未形成な場合が多い」という点が担任から指摘されていた。そのため，2年生から6年生までのすべての児童に対して，前年度の学年の国語と算数の教科で「学力検査」を実施し，学力面で特別な支援が必要な児童を把握することとした。

　また，学習面や行動面における児童の「特別な教育支援の必要性が生じている状態」を把握するために，担任は評価表に児童一人一人の実態を書き込み，

実践活動を通した評価を行うこととした。この際，1年生に関しては学習が十分進んでいないことから，「読み・書き・数える・形を見つける」などの学習面を「対人交流」「遊び」「行動特徴」とともに評価表に記述して評価することとし，各担任から学校長に報告する形をとった。

これらの情報は，担任，校長，教頭，教務主任，少人数指導担当者，養護教員，コーディネーター教員からなる教育相談部会で，子どものもつ教育的ニーズの大きさにより，AからDの4段階に分けて整理し，それぞれに対応したサポートを提供していくこととした。表4-17に，ニーズレベルと対応するサポートレベルの関係を示す。

3）ステージ3：ニーズの明確化と共有化，サポートの提供

ア．連絡会議

「連絡会議」は，保護者，担任，学校長，コーディネーター教員が構成メンバーである。また，事例によっては学業面，心理面，行動面に重篤な滞りをもつ児童がいる可能性があったので，「連絡会議」には，心理の専門家，言語指導の専門家，福祉関係の専門家に適宜参加してもらうことにした。

連絡会議では，「特別支援が必要な状態」「児童が困っている状況」「担任が指導困難と感じている状況」についての説明が，担任から対象児の保護者になされた。その際，保護者の考えを十分に聞くとともに，「生育歴」「就学前の状況」についての情報収集が行われた。

さらに，連絡会議では，保護者の合意のもとに，学級の集団活動の中での「担任のかかわり方」や「使用する教材の工夫」「席の移動」「友人関係の調整」などについて検討し，通常の授業の中で担任が留意したり若干の支援を行ったりすることで特別な教育的ニーズが満たされる児童を，「Aグループ」としてまず特定することとした。

しかしながら，学力検査や担任による実践活動を通した評価や保護者からの情報を総合しても，特別な支援が生じている原因を特定できない場合は，知能検査やアセスメントバッテリーなどの諸検査の受検を保護者に勧めることとした。さらに，担任によって「授業の中で個別の支援」を行うことや「詳しい検

査の受検」に関し，保護者の了承が得られなかった場合は，担任が学年や教育相談部と協力して，コース別学習や補習教室などの学習方法を取り入れたり，学年集会や学級活動で行動改善をうながしたりするなどして，通常の学級における指導をベースとしたサポートの拡大に努めることとした。

また，指導法をめぐって保護者の了解を得たり，特別な教育的ニーズをより的確に把握するための詳しいアセスメントの実施に向けて，保護者との相談を継続したりすることにも努めた。

イ．支援会議

「支援会議」は，保護者・校長・担任・コーディネーター教員・校内専門家チームで構成される。支援会議のねらいは，保護者と支援に当たる関係者間でアセスメントを共有するとともに，一方的に教員が指導計画を提示し保護者に協力を依頼するのではなく，支援会議のメンバーが，自分の意見を主体的に述べることによって，実際の指導が確実に行われるようにすることにある。支援会議では，ニーズアセスメント表と担任とコーディネーター教員によって作成された「個別の教育支援計画」が提示され，これをもとに，ニーズに対応したサポート体制をめぐって話し合いが行われる。

支援会議では，日常的な学級担任の指導に加えて，教務主任，養護教諭，少人数指導担当者，専科教員などの校内リソースを活用して支援に当たる必要のある「Bグループ」の児童を特定した。

さらに，外部の専門機関と連携して支援する必要がある児童や，ST（言語聴覚士）や大学教官などの校内専門家チームの支援を必要とする児童など，校内できめ細かな個別支援が必要と判断される「Cグループ」の児童を特定して，対応することとした。

ウ．個別の教育支援計画の作成

特別な教育的支援を必要とする児童を支援する際は，関係者間で児童一人一人の教育的ニーズの明確化と共有化を図り，教育的ニーズに応じた「教育目標」を作成し支援することが重要になる。

特別な教育的ニーズのある児童の教育支援計画には，支援する際の「担任の

かかわり方」や「教材の工夫」「活動の場の改善」など環境要因の改善についても記述した。また、児童の教育的ニーズによっては、医療・福祉などのサービスを受けることが必要となる場合もあるため、これら関連サービスも記載することとした。医療機関については、医療機関名、主治医名、服薬名、医師の所見も記述した。また福祉機関からは、生活保護や虐待への対応策、長期休業期間中に利用する機関などの情報も記載した。

また、特別な支援が必要な児童の具体的目標は、担任とコーディネーター教員によって設定し、支援会議の場で検討が加えられた後、支援にかかわる関係者全員に周知され、それに基づいて具体的な支援が行われる体制を整えた。これらの具体的目標は、対象児の個別学習のみを前提として記述されるのではなく、集団指導の中で配慮して指導する場合も想定して記述されるものである。

さらに「個別の教育支援計画」には、学年終了時までの長期目標と学期ごとの短期目標を記述することとしたが、これらの目標は決して固定的なものではなく、支援の進展に即してニーズが変容した際は、再度、関係者で支援会議を開き、その合意のもとに指導目標・内容を変更することとした。

以上に述べた「個別の教育支援計画」は、原則として教育的ニーズが高いと判断したB、C、Dグループの児童に対して作成することとした。

4）ステージ4：評価

ア．形成的評価

形成的評価は、指導計画が確実に遂行されているか否かについての情報を集め、場合によっては支援方法を修正し、より効果的な支援が維持できるようにするために行うものであり、「指導効果が現れているか」「新たなニーズが生じていないか」などをチェックするモニタリングの役割をも担っている。

形成的評価は、原則として週1回行われる教育相談部の話し合いの場で行われた。

イ．総合的評価

総合的な評価は、学期ごとに支援会議に出席したメンバーによって、提出された資料に基づき支援活動を振り返り、実際の目標が達成されたかどうかの話

し合いがもたれて判断された。

　評価の観点は，「支援計画が妥当であったか」「目標は達成されたか」「対象児や保護者は結果に満足しているか」などである。さらに評価にしたがって，新たな教育目標を設定するか，支援を終了するかなどを判断していくこととしている。

　このような校内支援システムは，「支援を受ける本人を尊重し，支援を受けることで自尊感情が低下するのを防ぐこと」「学習課題や行動上の問題を自分で解決するスキルを身につけること」を目的として構築したものである。

(4) 反社会的行動を示すアスペルガー症候群の児童への支援事例

1）**対象児**：通常の学級に在籍する6年生　男児
　　主　訴：連続した放火（6件），窃盗，女児への性的いたずら，仲間に対する暴行や靴隠し等
2）**ニーズアセスメント**
　ア．担任の実践活動を通した評価
　（学習面）授業に集中できず，始終身体を動かしており，学習課題以外の活動を始めることが多い。学習課題の理解が遅く，聞き取りが悪い。国語では特に文章の読解に困難を示すことが多い。書字や工作で不器用さが目立ち，観察して絵を描くことができない。
　（行動面）休み時間は一人で校庭を歩き回ることが多い。また，ゴミ箱からいろいろなものを拾い集め，特定場所に隠す。しばしば，靴隠しをして担任の叱責を受ける。万引きを行ったり，よその家に入り込み金品を盗み出したりする。障害児学級在籍児に対して暴行したり，低学年の女児をトイレに連れ込んで下着を脱ぐことを強要したりする。また，火をつけているところを付近の住民に発見され，巡回中の警察官に補導されたが，その後の調査で，連続6回の放火を行っていたことが確認された。
　担任が実践活動を通して記述した評価を，表4－18（次頁）に示す。

4章　個別の教育支援計画の作成・実践例

表4-18　担任の実践活動を通した評価

児童の実態把握表（記入者　担任名　コーディネーター）

児童氏名				記入日		2004年4月	
学　　年	6年			年　齢		11歳2ヶ月	
問題となる行動	・放火の継続　・窃盗や暴行の継続　・低学年女児へのいたずら ・対人交流の希薄さ　・注意の集中の悪さ						
学習状況							

学習の評価		国語	算数	生活	社理	音楽	図工	家庭	体育
	5年								
	6年			情報保護のため略す					

諸検査記録	・WISC-Ⅲ　　VIQ90　　PIQ76　　FIQ82 ・TK式学力検査　国語SS52　算数SS57 　クラス順位10／33（2004年4月）
学習状況 （学業面）	（SENのある状態） ・読み滞ることが多い。 ・話し合い活動が苦手。 ・聞き取りが悪い。 ・図工で不器用さが目立つ。 ・学習中の落ち着きがない。 ・学習プリントの破損や紛失が多い。 ・指示が通りにくい。　　　　　（SENのない状態） ・社会科の調べる学習で「交通関係」の資料調べは得意である。 ・鉄道機関や交通関係に関しては博学である。
ノートや作品	（書字の滞り：コピー・文字の形・書字の時間・身体の緊張） ・書字は乱れがちである。 ・黒板の字を写すのに時間がかかり，間違いも多い。 （造形：形のとらえ・題材となる絵・色づかいなど） ・同じような場面の漫画を描く。　・見て描くことは困難である。
保護者の対応	①叱責や体罰を中止し，丁寧に説明する。 ②本児ができたことを賞賛する。 ③登校や下校，塾へ行く際は送り迎えをする。
家庭への支援	■保護者への相談支援　　□経済的な援助 ・保護者への相談支援を継続する。 ・担任は学習内容や生活の様子を連絡帳や電話で細かく報告する。

イ．標準化された評価

ＷＩＳＣ-Ⅲ：VIQ（言語性の能力や学習の経験をもとにした判断力・習慣）90
　　　　　　PIQ（動作性能力や新しい状況に適応する能力）76
　　　　　　FIQ（全検査IQ）82
　　　　　　Ca1　11歳0か月
ＴＫ式学力検査：国語 SS（標準偏差値）54　算数 SS57　クラス順位10／33

3）ニーズアセスメントの結果から導かれた総合的な所見

　本児の示した反社会的行動の原因を探り，今後の対応の枠組みを決定するために，医師の鑑別診断を求める必要があった。

　ＷＩＳＣ-Ⅲ（子どもの知能水準・知能のアンバランスを調べる検査）の結果，全検査IQ（FIQ）は82と境界域ではあるが，「完成」「符号」だけが低く，集中力の低さや視覚的な短期記憶の低さをうかがわせた。また「符合」の課題では，鉛筆の操作がうまくいかず，不器用さが目についた。さらに，知識，類似，単語の課題では，すべて単語レベルの解答であり，表現力に問題があることもうかがわせた。

　学力検査は中位に位置しているものの，国語では，読解力が弱いことが示された。

　本ケースは，アスペルガー症候群が示す「同一性の保持」「対人交流の障害」「限局した興味」「注意の問題」「不器用性」「心が傷つきやすい」「学業不振」などの行動特徴のうち，「心の傷つきやすさ」「対人交流など社会性の不全」や「不器用性」などがクローズアップされたケースである。特に「心の傷つきやすさ」は器質的な脆弱さに加え，厳しいしつけが原因と思われる。アスペルガー症候群周辺の児童は，現在のささいな出来事がきっかけとなり，しばしば過去のことがフラッシュバックすることで知られている。本児の場合も，過去の不愉快で強烈な体験が，現在のちょっとした出来事をきっかけとして引き出され，それが暴力や窃盗に発展したものと考えられる。

　そのため，これまでの「叱責」や「罰による対応」を改め，「共感的態度で接する」「援助付きでもできたことを賞賛する」「失敗を叱責しないで正しい行

動を説明する」などの対応が，担任教師や保護者に必要と考えた。

　「放火」に対する対応では，学区での放火が連続して6回行われたことから，「放火」を何としても中止させる必要があった。精神的な負荷を一気に増強させることなく，「放火」を二度と繰り返すまいという気持ちをもたせるために，放火した家屋周辺の掃除を担任やコーディネーター教員と30日間実施するという「過剰修正法」の適用が有効であると判断した。

　「過剰修正法」の適用に当たっては，学校長は保護者の了承を得た後，民生委員，ＰＴＡ役員，町内会の代表者，子供会の指導者からなる「学校協力者会議」を開催し「対象児の行動の説明」「地域での過剰修正法を用いた訓練の意義や効果の説明」「家族を保護するための風評被害の防止」などの十分な説明を行うなど，本児とその家族の保護を目的とした配慮を依頼した。

　さらに「防火，暴力追放キャンペーンの実施依頼」「子どもたちへの声かけ運動の実施」などについて協力を依頼して，住居周辺の環境整備を実施することが重要と考えた。

　また，6回の放火直後に，自ら「炎が上がっている」と他者に通報していることから，「放火」には，行動論的な見地から「他者の注意を獲得する機能」があると判断した。この注意を獲得する機能を，「放火」という反社会的行動ではなく，社会的に認められる行動に置き換える必要があると判断した。本児は鉄道に関して強い興味を示し多くの知識をもっていたので，この知識を生かして定期的に「鉄道新聞」を発行し，他者の注意と賞賛が得られる機会を設定することとした。

　また，対人関係や社会性の問題は，注意の問題とも関連し，他者の出す情報への選択的な注意が働かない場合があり，それが原因で刻々と変わる外界の多量の情報を処理できないために，集団生活や学習時に指示が通りにくいという現象が生じ，ソーシャルスキル全般にも未学習や誤学習が生じたと考えられる。

　そこで，ソーシャルスキルトレーニングが重要であると考え，その目的としては，「クラスでのマナーを励行する」「暴力を用いず他人との争いを解決することができる」「自分の行動をプランニングする」「自分のやった行動を振り返

る」「自分の行動が誤りだと感じたら中止する」「相手の行動を理解する」を挙げることが妥当であると判断した。

さらに，絵が描けない状況が就学時から継続しており，この苦手意識が本児の自尊感情を下げている一要因となっていると考えられた。そのため，パターン化された絵の描き方を教え，自信をつけさせることも大切だと考えた。

4）個別の教育支援計画の作成

以上の経過や検討結果を踏まえて作成した本児の個別の教育支援計画を，表4−19（次頁）に示す。

5）実践の成果と課題

支援を開始するに当たっては，まず，保護者や地域の協力者に対し，特別支援教育の意義を周知し，「理解と啓発」を図ったが，このことが支援を円滑に展開させるために有効であったと考えている。また，関係者間で支援会議を開催し，アセスメント結果に基づいて，本児が学校生活や社会生活を送るために何が欠けているのかが話し合われ，「ニーズの明確化と共有化」が図られた。さらに支援会議では，参加メンバーが自分の意見を素直に述べ，「個別の教育支援計画」作成に主体的に関与したため，その後の支援がスムーズに展開したと評価できる。

また，H小学校においては，学校のもつリソースだけで十分な支援を提供できない場合は，「医療」「地域資源」と連携して支援を提供するという基本的なスタンスをもっていたために，専門機関との連携で危機的な状況を乗り越えることができたと考えられる。

さらに，民生委員，町内会，学校協力者など，地域資源の協力を得て，「過剰修正法適用への理解」「放火防止キャンペーン」「見守り支援」「家族を守るための風評被害の防止」などの活動を展開し，成果を上げることができた。このような試みは，とかく専門機関に頼りがちな連携の在り方を見直し，地域の様々な資源を組織化することで，専門家の支援に勝るとも劣らない質の高い，継続した支援が得られることを示唆していると思われる。

養護教諭により実施したソーシャルスキルトレーニング（SST）は，実際

4章　個別の教育支援計画の作成・実践例

表4-19　個別の教育支援計画（■は選択した項目）

2004年4月（記述者：担任・コーディネーター教諭）

氏名		6年　　組	学習形態	集団・個別
指導の分野	□ 教科学習　■ 行動　□ 心理　□ 言語コミュニケーション			
長期目標	①反社会的行動を中止する。　②授業中に落ち着いて学習する。			
短期目標	①社会のルールを守るSSTの学習課題に取り組む。 （放火・暴力行為・窃盗がやってはいけないことと気づく） ②○○方式で絵の描き方を学んだり，電車新聞を毎週発行したりして，自信をつける。			
指導場面	■ 学級指導　■ 集団の教科学習（国語・算数科）　■ 道徳 □ 特別活動　□ 遊び場面　■ 個別学習（養護教諭・Co）			
支援を受けるサポーター	■ 担任　□ 学年　■ 養護教諭　■ Co教員　□ 少人数担当者 □ 教務主任・管理職　■ 専門家（医師・心理士） □ 教育ボランティア（退職教員・学生・院生・NPO）　■ 地域資源			
相談支援	本人と保護者，コーディネーター教諭が隔週に実施する。			
関連サービスとの連携	■ 医療機関　■ 相談機関　□ 療育機関　■ 地域の支援 【内容】①医師・鑑別診断・投薬　②相談機関・保護者の療育態度の変化　③地域・見守り支援・風評被害の防止 連携機関名と担当者：○○病院　××医師・T大学相談室			
学校での支援内容	A．学業面での支援 ■ 担任のかかわり方 　個別の説明を丁寧にする。できたことを賞賛し叱責は控える。 ■ 教材の工夫（読みにくい長文は小分けにして読む） ■ 活動の場の工夫（窓際や廊下側の席は避け，中央前方に置く） B．行動面での支援 ①登校時・下校時は保護者が付き添う。②養護教諭によるSSTを週1回実施する。③Co教員による絵画指導を週1回実施する。④電車新聞を発行し，掲示板やクラスに提示する。			
生活や行動の状態				
学校生活の状況 （行動面）	（SENのある状況） ・障害のある友人への暴行や低学年女児へのいたずらを継続する。 ・クラス児童の文房具を盗ったり，友人の靴隠しが継続する。 ・一人で校庭を歩きまわり，気に入ったものを拾い集める。		（SENのない状況） ・個別の対応は非常に落ち着いている。 ・大人との交流では，言葉遣いが非常に丁寧である。	
家庭や地域における生活の状況	・コンビニエンスストアで万引きをする。 ・近所の家からの金品を盗むことが継続している。 ・放火を連続して行う。 ・自転車の部品などを拾い集める。			
対象児の希望	（SENと評価された状態をどうしたいか） 担任の質問には「べつに」「ふつう」と返答し，意図をくみ取れなかった。			
保護者の意見	不適切な行動は幼稚園時代から続いているので早急にやめさせたい。			
担任の意見	・学習に集中させたい。 ・不適切行動に対しては，これまでも注意を与えてきたが改善が見られない。学校全体での支援が必要である。			
教育相談部の意見	・医療的な鑑別診断が必要であり，連携して対応する。 ・コーディネーター教諭を中心に，早急にニーズを把握し「個別の教育支援計画」を作成して支援を開始する。			

の生活で本児が行ってきた様々な行動を振り返らせ，どのように行動を修正すればよいかなど，実社会でのシミュレーションの役割を果たし，効果を上げたものと考えられる。さらに，本児が絵画スキルを身につけたことは，単に絵画作成の技法を獲得したにとどまらず，苦手課題を克服して自信をつけ，自尊感情を高める結果につながったものと推測される。

　このような取り組みの結果，放火，暴行，窃盗などの反社会的行動は1年以上生起していない。

　H小学校では，通常の学級に在籍する特別な教育的支援を要する児童に対し，「個別の指導計画」に専門機関の関連サービスや保護者の対応を取り入れて，独自の「個別の教育支援計画」として作成し使用しているが，この書式は，ニーズに対応した支援の内容を的確に，かつ簡便に記述する書式が欲しいという通常の学級担任からの求めに応じて作成されたものである。この書式に記述された内容を，「生涯にわたって支援していく」という「個別の教育支援計画」の趣旨に沿ったものにしていくために，どのように継続・深化させていくか，今後に残された課題も大きい。

　H小学校の「個別の教育支援計画」は今後，通常の学級の担任の特別支援教育への理解が進み，一人一人に対する教育的支援が充実していく中で，より子どものニーズに即した支援を展開するためのツールとして，重要な役割を果たしていくものと思われる。

　しかし，通常の学級に在籍する児童に対して「個別の教育支援計画」を作成する上では，教員の多忙さ，学級の在籍人数の多さなど，困難なことも多い。このような状況下では，支援に当たる関係者間で明確になったニーズに対して，「今ここでできる支援」からスタートさせ，支援していく中で関連サービスを利用したり，新たなサービスを立ち上げたりして，徐々に支援を充実・拡充していくというスタンスが大切であると考える。　　　　　（小野　学）

個別の教育支援計画の作成と実践
――特別なニーズ・気になる子どもの支援のために――

2005年7月17日　初版第1刷発行
2007年11月6日　初版第3刷発行

編　者　　香川　邦生
発行者　　小林　一光
発行所　　教育出版株式会社
〒101-0051　東京都千代田区神田神保町2-10
電話　03-3238-6965　　振替　00190-1-107340

ⓒK. Kagawa 2005　　Printed in Japan　　　　印刷　モリモト印刷
落丁・乱丁はお取替いたします。　　　　　　　　製本　上島製本

ISBN978-4-316-80059-2　C3037